SOWJETPOLITIK UNTER GORBATSCHOW

ABHANDLUNGEN DES GÖTTINGER ARBEITSKREISES

Herausgegeben vom Göttinger Arbeitskreis

BAND 7

Sowjetpolitik unter Gorbatschow

Die Innen- und Außenpolitik der UdSSR
1985 - 1990

Mit Beiträgen von

Heinz Brahm, Georg Brunner, Hans-Hermann Höhmann,
Boris Meissner, Wolfgang Pfeiler, Gerhard Simon
und Günther Wagenlehner

Duncker & Humblot · Berlin

Die in dieser Reihe veröffentlichten Beiträge geben ausschließlich die Ansichten der Verfasser wieder.

CIP-Titelaufnahme der Deutschen Bibliothek

Sowjetpolitik unter Gorbatschow: / die Innen- und Aussenpolitik der UdSSR 1985 - 1990 / mit Beitr. von Heinz Brahm . . . – Berlin: Duncker und Humblot, 1991
  (Abhandlungen des Göttinger Arbeitskreises; Bd. 7) (Veröffentlichung / Göttinger Arbeitskreis; Nr. 438)
  ISBN 3-428-07079-8
NE: Brahm, Heinz; Göttinger Arbeitskreis: Abhandlungen des Göttinger . . .; Göttinger Arbeitskreis: Veröffentlichung

Der Göttinger Arbeitskreis: Veröffentlichung Nr. 438

Alle Rechte vorbehalten
© 1991 Duncker & Humblot GmbH, Berlin 41
Satz: Werksatz Marschall, Berlin 45
Druck: Werner Hildebrand, Berlin 65
Printed in Germany

ISSN 0720-6844
ISBN 3-428-07079-8

INHALT

Von Breshnew zu Gorbatschow

    Von Dr. *Heinz Brahm*, Köln 7

Von der technokratischen Modernisierung zur marktwirtschaftlichen Wende. Krisenlage und Reformperspektiven der sowjetischen Wirtschaft nach sechs Jahren Gorbatschow

    Von Dr. *Hans-Hermann Höhmann*, Köln 27

Von der „sozialistischen Gesetzlichkeit" zum „sozialistischen Rechtsstaat". Anmerkungen zur aktuellen Rechtsentwicklung in der Sowjetunion

    Von Prof. Dr. *Georg Brunner*, Köln 47

Der Zusammenbruch des sowjetischen Zentralstaates

    Von Dr. *Gerhard Simon*, Köln 67

Die Wechselbeziehungen zwischen der Innen- und Außenpolitik Gorbatschows

    Von Prof. Dr. *Boris Meissner*, Köln 87

Gorbatschows Deutschlandpolitik

    Von Prof. Dr. *Wolfgang Pfeiler*, St. Augustin 115

Die Militärpolitik Gorbatschows und der Warschauer Pakt

    Von Dr. *Günther Wagenlehner*, Bonn 131

VON BRESHNEW ZU GORBATSCHOW

Von Heinz Brahm

I. Die Zeit der Stagnation

Am Ende der Breshnew-Zeit wirkte die Sowjetunion trotz aller Stagnationserscheinungen auf westliche Beobachter wie der Moskauer Kreml mit seinen dicken Mauern: stabil, massiv und bedrohlich. Im Politbüro, so schien es, thronten die höchsten Machtträger, ohne von irgendwelchen ernsthaften Problemen aus ihrer Selbstsicherheit aufgeschreckt werden zu können. Zweifellos war die Breshnew-Ära innenpolitisch die ruhigste und außenpolitisch die erfolgreichste Zeit der Sowjetunion seit deren Bestehen. Nicht nur die oberste Führung verhielt sich konservativ, sondern auch der Großteil der Bevölkerung.

Chruschtschow war noch von der Idee besessen gewesen, die Sowjetunion in kürzester Zeit zum Kommunismus zu führen. Dies veranlaßte ihn zu immer neuen, immer hektischeren Versuchen, die wirtschaftliche Effizienz zu steigern. Als seine hochgesteckten Ziele nicht erreicht wurden, machte er seine Widersacher in der Parteiführung und die Funktionäre des Mittelbaus dafür verantwortlich. Er forderte wiederholt die Basis dazu auf, die Funktionäre auf Trab zu bringen: „Wenn eure Führer schlecht sind, so ist das euer Fehler. Ihr belästigt eure Führer zu wenig, ihr fordert nicht, daß sie gut arbeiten".[1] Es blieb nicht bei solcher Kritik. Die Funktionäre wurden immer wieder ausgetauscht. Auf seinen Reisen kreuz und quer durch die Sowjetunion war Chruschtschow stets auf der Suche nach den Sündenböcken, die den Aufschwung hemmten.

Dieser Verunsicherung der Apparatschiki setzte man, als Breshnew im Oktober 1964 die Parteiführung übernahm, ganz bewußt ein Ende. Man ging jetzt davon aus, daß in einem Klima ständiger Bedrohung keine vernünftige Politik betrieben werden könne. Die Leitlinie der neuen Personalpolitik kam in den Schlagworten „Vertrauen in die Kader" und „Stabilität der Kader" zum Ausdruck. Es scheint so, daß man sich damals einige Ideen der amerikanischen Führungslehren zu eigen gemacht hat.[2]

---

[1] Zitiert nach G. Breslauer: Khrushchev and Brezhnev as Leaders: Building Authority in Soviet Politics, London 1982, S. 44.

[2] Vgl. vor allem M. R. Beissinger: The Politics of Convergence: The Diffusion of

„Vertrauen in die Kader" war eigentlich eine sensationelle Devise im sowjetischen Herrschaftssystem, denn sie widersprach Lenins Rat „Vertrauen ist gut, Kontrolle ist besser". Und dennoch führte Breshnews Personalpolitik in eine Sackgasse. In demokratischen Gesellschaften ist das Vertrauen die wichtigste Voraussetzung für den Umgang von Vorgesetzten und Untergegebenen. In einem kommunistisch regierten Land, das keine freie Presse und keinen Pluralismus kennt, konnte sich das „Vertrauen in die Kader" nur katastrophal auswirken, da es den Funktionären in deren Kompetenzbereich erlaubte, reichlich ungestört und ungeniert zu schalten und zu walten. Es bildeten sich fast Staaten im Staat. Korruption, Vetternwirtschaft und Unfähigkeit waren die Folge. Nur noch in den seltensten Fällen wurden die Funktionäre abgesetzt. Sie blieben auch dann noch in ihren Ämtern, wenn sie ihren Aufgaben nicht mehr gerecht wurden.

In der Partei, in der Wirtschafts- und Staatsverwaltung kam es zu einer unübersehbaren Stagnation. Der Parteiapparat sah immer mehr sein Ziel darin, die Macht der KPdSU zu zementieren, und erstickte zum Schluß fast alle Reformbestrebungen. Selbst diejenigen Wirtschaftsleiter, die zunächst durchaus etwa der Schtschokino-Methode zuzustimmen bereit waren, schrecken letzten Endes vor ihr zurück, als ihnen die Folgelasten bekannt wurden. Ein Manager sagte auf einem Schulungskurs: „Wenn man den Erfolg des Experiments garantiert, dann werde ich es versuchen; wenn nicht, dann lasse ich die Finger davon".[3]

In der zweiten Hälfte der siebziger Jahre wurde Breshnew nicht nur von der Gesundheit, sondern auch vom Glück im Stich gelassen. Das Wirtschaftswachstum ging beängstigend zurück. Von 1979 bis 1982 folgte eine Mißernte auf die andere, was jedoch dem damaligen ZK-Sekretär für Landwirtschaft, M. Gorbatschow, offensichtlich nicht schadete. Die Aufstellung der SS-20-Raketen, die Intervention in Afghanistan (1979) und die Zerschlagung der Solidarność durch W. Jaruzelski (1981) taten nicht nur dem Ansehen der Sowjetunion in der gesamten Welt Abbruch, sie verkleinerten auch ganz erheblich den Aktionsradius der sowjetischen Außenpolitik.

Am Ende der Breshnew-Ära muß es im Kreml zu Diskussionen um die Zukunft der Sowjetunion gekommen sein. Vor allem die Krise in Polen wurde zum Katalysator der internen Auseinandersetzungen. M. Suslow glaubte, daß die Polnische Vereinigte Arbeiterpartei deshalb versagt habe, weil sie es an der nötigen Disziplin habe fehlen lassen. K. Tschernenko dagegen kam zu dem Schluß, daß eine kommunistische Partei ihren Führungsanspruch verliere, wenn sie nicht ständig auf Tuchfühlung zu den

---

Western Management Ideas in the Soviet Union. Dissertation der Harvard University Cambridge, Massachusetts 1982.

[3] a.a.O., S. 346.

Massen bleibe. Er forderte daher auch von der KPdSU, stärker auf die Stimmen aus der Bevölkerung zu hören. Es ist durchaus möglich, daß er damit nur die Ideen wiedergab, die jüngere Funktionäre wie etwa Gorbatschow im engsten Kreis vorgetragen hatten. Solange Tschernenko der Kronprinz Breshnews war, hat auch niemand die Funktionäre so scharf kritisiert wie er.[4] Allerdings setzte er den Unfähigen nicht den Stuhl vor die Tür, wozu er in der Lage gewesen sein dürfte.

Am 10. November 1982 starb Breshnew. Mit der Wahl Ju. Andropows zum Generalsekretär endete das süße Leben der Funktionäre und der Schlendrian im Arbeitsleben. Minister, Apparatschiki und Obkom-Sekretäre wurden entlassen. Prominentestes Opfer der Säuberungskampagne wurde N. Schtscholokow, der langjährige Innenminister in den Breshnew-Jahren. Gleichzeitig ging man gegen die Disziplinlosigkeit in der arbeitenden Bevölkerung vor. Es wurden Razzien in Bussen, Geschäften, Kinos und Bädern gemacht, um alle jene einzuschüchtern, die sich das Verlassen ihrer Arbeitsstätte zur Gewohnheit gemacht hatten.

Andropow beschränkte sich in seiner kurzen Amtszeit als Generalsekretär nicht auf Disziplinierungsmaßnahmen, sondern erweiterte auch vorsichtig den Spielraum für Diskussionen und erweckte damit die Hoffnung auf Neuerungen, wenn nicht sogar auf Reformen. Mit seiner unnachsichtigen Personalpolitik muß er allerdings viele Funktionäre so vor den Kopf gestoßen haben, daß diese nach dessen Tod im Februar 1984 Tschernenko, seinen Rivalen, auf den Schild hoben. Tschernenko war es allerdings noch weniger als Andropow möglich, dem Land seinen Stempel aufzudrücken. Dies war nicht nur auf seine Krankheit zurückzuführen, sondern auch auf das Fehlen eines überzeugenden Programms und auf seine unzureichende Machtbasis. Am 11. März 1985 wurde Gorbatschow Generalsekretär des ZK der KPdSU.[5]

II. Der Aufbruch unter Gorbatschow

Bereits im Dezember 1984, also am Ende von Tschernenkos Herrschaft, hatte Gorbatschow in einer Rede erklärt, die zunächst nur in Auszügen veröffentlicht wurde, die Wirtschaft des Landes müsse so drastisch umgestaltet werden, daß man von einer „Titanenarbeit" sprechen könne.[6] Nur die Intensivierung der Wirtschaft erlaube es der Sowjetunion, „als große und

---

[4] H. Brahm: Leitmotive in K. Tschernenkos Schriften, in: Berichte des Bundesinstituts für ostwissenschaftliche und internationale Studien, Nr. 42/1982.

[5] Zur Biographie: Ch. Schmidt-Häuer, Gorbatschow, 5. Aufl., München 1987; Zh. Medvedev, Gorbachev, Oxford 1986; M. Tatu, Gorbatchev, L'URSS va-t-elle changer?, Paris 1987.

[6] M. S. Gorbačev: Izbrannye reči stat'i, Bd. 2, S. 86.

gedeihende Macht mit Würde (dostojno) in das neue Jahrtausend einzutreten". Der ungewöhnliche Zungenschlag solcher Sätze ließ aufhorchen. Früher hatten die sowjetischen Führer stets demonstrativ ihre Siegeszuversicht verkündet. Jetzt konnte man aus der Rede Gorbatschows die Sorge heraushören, daß die Sowjetunion ihren Rang in der Welt verlieren könnte. Allerdings hat Gorbatschow damals seine Ziele nicht klar erkennen lassen.

Es muß zu dieser Zeit auf den obersten Etagen der Macht Unterlagen gegeben haben, denen die nachrückende Politikergeneration im Kreml entnahm, daß die Sowjetunion am Rande einer Krise stand:

1. Die ökonomische Situation muß viel katastrophaler gewesen sein, als es die offiziellen Angaben zur Wirtschaft erkennen gelassen hatten. Man hatte die Daten offenkundig deutlich frisiert oder sogar gefälscht. Es wurde offenkundig, daß sich die Kluft zwischen der Sowjetunion und den kapitalistischen Staaten besorgniserregend erweiterte. Das Angebot von Lebensmitteln und Gütern des täglichen Bedarfs blieb weit hinter den Erwartungen der Bevölkerung zurück. Damit war der Sozialismus, der seine Überlegenheit gegenüber dem Kapitalismus beweisen sollte, gründlich diskreditiert.

2. Die Partei hatte ihre Durchsetzungsfähigkeit stark eingebüßt. Ministerien, Gebiete und Republiken hatten oft einen hohen Grad der Autonomie erreicht. 1986 soll Gorbatschow gesagt haben: „Für den Gosplan bei uns gibt es keine Autoritäten, keinen Generalsekretär und kein ZK".[7]

3. Das Vertrauen der Bevölkerung in die Partei muß rapide nachgelassen haben. Der Marxismus-Leninismus hatte offenkundig als Staatsideologie fast jeden Kredit eingebüßt. Die Bevölkerung reagierte auf das Versagen der Partei mit nachlassender Arbeitsdisziplin, mit Flucht ins Privatleben, mit Zynismus, Wirtschaftskriminalität und Korruption. Nach einem seit Jahren in Moskau kursierenden Witz taten die Arbeiter so, als ob sie arbeiteten, und der Staat tat so, als ob er die Arbeiter bezahlte.

4. Außenpolitisch hatte sich die Sowjetunion in eine Isolierung manövriert, die die UdSSR in der internationalen Arena kaum noch handlungsfähig machte.

5. Osteuropa entwickelte sich, wie die Entstehung der Solidarność in Polen gezeigt hatte, zu einem ständigen Krisengebiet.

Gorbatschow hat später gesagt, daß die Sowjetunion vor dem ZK-Plenum im April 1985 auf dem Weg in eine Krise gewesen sei.[8] Er scheint sehr früh erkannt zu haben, daß die wirtschaftliche Lage seines Landes so desolat war,

---

[7] AS 5785; Frankfurter Rundschau, 18.9.1986.

[8] M. Gorbatschow: Perestroika. Die zweite russische Revolution, München 1987, S. 26.

daß sich die Sowjetunion den Luxus des Wettrüstens nicht mehr leisten könnte. Vielleicht waren sich sogar einige sowjetische Politiker darüber im klaren, daß eines Tages die Existenzberechtigung der KPdSU offen in Frage gestellt werden könnte, wenn man nicht bald mit Erfolgen aufwarten konnte.

Das Wissen um die kritische wirtschaftliche Situation der Sowjetunion war und ist der eigentliche Grund für Gorbatschows Reformen. Daran ändert sich auch dadurch nichts, daß Gorbatschow, nachdem er im März 1985 Generalsekretär geworden war, zunächst verhältnismäßig gemäßigt auftrat und auch kein breites Reformkonzept vorlegte. Zum einen mußte er eine ganze Weile Kompromisse mit seinen Widersachern und Verbündeten schließen und zum anderen war er sich anfangs wahrscheinlich noch nicht der Fülle der Probleme und vor allem deren Tragweite bewußt.

Selbst als er schließlich einräumte, daß man sich in einer Vorkrisensituation befunden habe, wandte er sich gegen die im Westen aufgestellte Behauptung, die Perestrojka sei angesichts der wirtschaftlichen Misere notwendig geworden.[9] Offensichtlich fürchtete Gorbatschow damals noch, der Bevölkerung den Ernst der Lage vor Augen zu führen, weil damit der Anspruch der Partei auf die Führung des Landes zu stark untergraben werden könnte.

Gorbatschow setzte zunächst auf „eine Beschleunigung (uskorenije) des sozialökonomischen Fortschritts". Beschwörend verkündete er damals: „Einen anderen Weg gibt es nicht." Ein weiterer Punkt seines ursprünglichen Programms war der Kampf gegen die Trunksucht. Beide Themen sind bald mehr und mehr in den Hintergrund getreten. Die Forderung nach Beschleunigung ist von dem umfassenderen Konzept der Perestrojka aufgesogen worden. Sie wird allerdings weiter aufrechterhalten, aber nicht mehr so plakativ herausgehoben. Vielleicht wird es angesichts der bescheidenen Wachstumsraten auch nicht als opportun empfunden, ständig von Beschleunigung zu sprechen. Die Maßnahmen gegen den Alkoholverkauf sind mit der Zeit entschärft worden. Man hat offen die Frage gestellt, wer eigentlich für diese unsinnigen Beschlüsse verantwortlich gewesen sei.[10]

Seit 1986 wurde in zunehmenden Maß die Formel „Perestrojka" verwendet. Zunächst war an eine Perestrojka des Bewußtseins gedacht. Dann erst sprach man auch von der Perestrojka in der Wirtschaft, die allerdings von Gorbatschow auch als „Reform" oder „Revolution" bezeichnet wurde. Zuletzt wurde die Perestrojka des politischen Systems auf die Tagesordnung gesetzt.

Heute umfaßt der Begriff Perestrojka die ganze Bandbreite der geplanten Reformen. Er ist das gleichbleibende Etikett für wechselnde und sogar für

---

[9] a.a.O., S. 9, 42, 44.
[10] E. Evtušenko, in: Literaturnaja gazeta, 11.5.1988.

gegenwärtig noch nicht erkennbare Inhalte. Erschwert wurde die Definition der Perestrojka bislang dadurch, daß beispielsweise Ligatschow die Ziele der Reformen enger interpretiert als Gorbatschow.

Eigentlich müßte man von ZK-Plenum zu ZK-Plenum neu bestimmen, was Perestrojka bedeutet. Wenn man ihr Wesen in den verschiedensten Versionen erfassen soll, läßt sich sagen, daß sie der mutigste, energischste, vielleicht auch verzweifelteste Versuch seit Stalins Tod ist,

1. die Wirtschaft so zu beleben, daß sich der Lebensstandard der Bevölkerung spürbar erhöht und
2. die 19-Millionen-Partei von allen unfähigen und korrupten Elementen so stark zu befreien, daß sie zu einer respektierten politischen und moralischen Kraft wird.

III. Die neue Führungsmannschaft

Das heutige Reformprogramm ist bei weitem nicht mehr das von April 1985. In dem Maße, wie die einzelnen Etappenziele auf dem Weg der Erneuerung erweitert wurden oder erweitert werden sollten, mußten die Zweifler und Opponenten aus dem engsten Kreis der Macht entfernt werden. Bis Ende 1986 hatten G. Romanow, N. Tichonow, W. Grischin und D. Kunajew, die sich im März 1985 mit hoher Wahrscheinlichkeit gegen Gorbatschow als neuen Parteichef gestellt hatten, ihren Platz im Politbüro verloren. Aber selbst diejenigen, die nach dem Tod Tschernenkos Gorbatschow unterstützt haben, hätten vielleicht bald ihre Entscheidung bereuen können. G. Alijew, M. Solomenzew und A. Gromyko, die vermutlich mit ihren Stimmen im Politbüro die Wahl Gorbatschows möglich gemacht haben, sind heute nicht mehr im höchsten Machtorgan der Partei. Sie sind sogar in der Öffentlichkeit angegriffen worden. Die Perestrojka verschlingt ihre Kinder. Von den Kurfürsten, die 1985 für Gorbatschow gestimmt haben, hat nur noch W. Worotnikow Sitz und Stimme im Politbüro, aber auch er hat inzwischen seine Schwierigkeiten mit dem Generalsekrtär.

Wie stark sich das Reformprogramm gegenüber dem ursprünglichen Konzept verändert hat, läßt sich auch daran erkennen, daß selbst manche der Politiker, die nach der Wahl Gorbatschows zum Parteichef in die höchsten Ämter eingerückt waren, inzwischen von Gorbatschow desavouiert wurden. Jelzin war nur kurze Zeit Kandidat des Politbüros. Ligatschow und Tschebrikow, die im April 1985 ins Politbüro aufgenommen worden sind, verloren auf dem ZK-Plenum im September 1988 an Einfluß. Tschebrikow mußte im September 1989 sogar das Politbüro verlassen. Selbst N. Ryschkow, der ebenfalls im April 1985 Politbüromitglied geworden war, kritisierte im Juli 1989 Gorbatschow scharf, wenn auch nur implizit, daß unter dessen Amtsführung die Partei ihren Einfluß Schritt für Schritt eingebüßt habe.[11]

IV. Glasnost

Unter Breshnew stand die Scheinwelt, die die Medien von der Sowjetunion zeichneten, in scharfem Widerspruch zur grauen Realität. Die Informationskanäle waren in beiden Richtungen blockiert: Das Politbüro erfuhr nicht, was im Volk geschah, und das Volk wußte nicht, was im Politbüro vor sich ging. Durch die Politik der Glasnost sollten die Medien (und damit auch die Partei) mehr Vertrauen gewinnen. Indem die Mängel und Fehlentwicklungen angeprangert wurden, konnte die Bevölkerung zugleich auf die Notwendigkeit schmerzhafter Reformen vorbereitet werden.

Ursprünglich war die Glasnost als Flankenschutz für den neuen Kurs gedacht. Noch Mitte 1986 hatte Gorbatschow gehofft, daß die ruhmlosen Kapitel der eigenen Vergangenheit, vor allem die Zeit des Stalinismus, von der Glasnost ausgespart bleiben könnten.[12] Anfang 1987 war er allerdings schon überzeugt, daß die offiziellen historischen Darstellungen der Sowjetunion einer kritischen Durchsicht bedürften, da sie zu viele weiße Flecken, vergessene Namen und sogar vergessene Zeitabschnitte enthielten. 1988 sind die prominenten Altbolschewisten L. Kamenew, G. Sinowjew, K. Radek, A. Rykow und N. Bucharin von allen Anklagen freigesprochen worden, deretwegen sie erschossen worden waren. Bucharin ist sogar ideologisch wieder zu Ehren gekommen. Trotzkij wird inzwischen ohne die früher obligatorischen Unterstellungen porträtiert. Man hat sogar Texte von ihm veröffentlicht.[13] Seine Rehabilitierung wird vermutlich nicht lange auf sich warten lassen.

Lenin selbst ist schon hier und da mißbilligend erwähnt worden, allerdings häufiger indirekt als direkt. Die Ermordung der Zarenfamilie wird so dargestellt[14], daß auf die Bolschewiki kein günstiges Licht fallen kann. Die Zerschlagung der Konstituante von 1918 wird als der Beginn undemokratischen Verhaltens gesehen. Eine umfassende Abrechnung mit Lenin steht allerdings noch aus. Man wird sich in der Parteiführung dessen bewußt sein, daß eine schonungslose Kritik an ihm das sowjetische Herrschaftssystem in seinen Grundfesten erschüttern müßte. Ohne die Integrationsfigur Lenin würde es für die KPdSU noch schwieriger, als es schon heute ist, der vielen divergierenden Kräfte in der Sowjetunion Herr zu werden. Immerhin gibt es

---

[11] Pravda, 21.7.1989.
[12] AS 5785; Frankfurter Rundschau, 18.9.1986.
[13] Molodoj kommunist, 8/1989, S. 45-68. Vgl. auch Argumenty i fakty, 34/1989.
[14] Sobytija i vremja, 13/1989, S. 1-32; Moscow news, 16/1989.

bereits Persönlichkeiten, die selbst Leningrad seinen alten Namen wiedergeben wollen.[15]

Die Journalisten, Wissenschaftler und Schriftsteller kümmerten sich immer weniger um die Wünsche der Partei: Zunächst schwappte nur die eine oder andere Welle über die Dämme der Zensur. Dann entstanden Sickerrinnen, schließlich immer breitere Einbrüche in die Zensurbestimmungen. Ein besonderes Verdienst um die wachsende Pressefreiheit haben „Moskowskie nowosti", „Literaturnaja gaseta", „Ogonjok", und „Nowy mir". Sowohl Gorbatschow wie W. Medwedjew sollen sich zunächst vehement gegen die Veröffentlichung von Solshenizyns Werken gewandt haben — im September 1989 erschienen dann aber die ersten Auszüge aus dem „Archipel Gulag".[16] Hier findet sich die schärfste Kritik an Lenin, die im Zeichen der Glasnost erschienen ist.

Inzwischen wird Stalin fast durchgängig als Verbrecher und Breshnew als ein jämmerlicher Bürokrat geschildert. Gorbatschow sprach 1987 von Tausenden von Stalin-Opfern. In der „Prawda" war nur wenig später zu lesen, daß allein der Kollektivierung Millionen Menschen zum Opfer gefallen sind. Später wurde von einigen Autoren geschätzt, daß 15-20 Millionen Menschen unter Stalin und etwa 10 Millionen unter Lenin umgekommen sind.[17]

Es gibt Schilderungen von der Verhaftung L. Berijas und vom Sturz Chruschtschows, die Erinnerungen an amerikanische Gangsterfilme wachrufen. Jewtuschenko hat von einer „Avantgarde der Schufte" gesprochen, der beispielsweise Berija zuzurechnen sei.[18] Der Historiker Ju. Afanasjew konnte in der „Prawda" verkünden, daß es in der Sowjetunion nie einen Sozialismus gegeben habe, nicht einmal einen deformierten.[19] Die Redaktion der „Prawda" wies allerdings diese Ansicht zurück. Ein Funktionär des Parteiapparats hielt es für zu simpel, wenn man Stalin zum alleinigen Sündenbock machte; er machte darauf aufmerksam, daß Stalin in einer langen Tradition des Marxismus steht, also auch in der Lenins.[20]

Gorbatschow hat mehrfach erklärt, daß niemand im Besitz der Wahrheit ist. Er hält nichtsdestoweniger am politischen Alleinvertretungsanspruch der KPdSU fest, manchmal mit Nachdruck und manchmal etwas gewunden. Wenn für die aufgeklärte Intelligenz die Kommunistische Partei nicht im Besitz der Wahrheit ist, was sich aus den gegenwärtigen Enthüllungen aus

---

[15] Kommunist Tadžikistana, 25.8.1989.

[16] Novyj mir, 8/1989, S. 7-94.

[17] R. Medvedev, in: Argumenty i fakty, 5/1989; V. Čalikova, in: Neva, 10/1988, S. 152-162, hier S. 158.

[18] Moskovski novosti, 12.6.1988.

[19] Pravda, 26.6.1988.

[20] Cipko, in: Nauka i žizn', 11/1988, S. 45-55; 12/1988, S. 40-47; 1/1989, S. 46-56; 2/1989, S. 53-61.

der Stalin- und Breshnew-Zeit, aber auch aus der Sprunghaftigkeit der heutigen Parteiführung ergibt, wer dann? Niemand hat das geistige und moralische Vakuum deutlicher erkannt als die Intelligenz. Einige Schriftsteller und Wissenschaftler wie D. Lichatschow, Tsch. Aitmatow, W. Rasputin und Je. Jewtuschenko halten das Christentum für hof- oder doch für diskussionsfähig. Lange totgeschwiegene Begriffe wie „miloserdije" (Barmherzigkeit) kamen wieder zu Ehren. Andere sehen in M. Heidegger oder I. Kant wichtige Anreger. In den sowjetischen Zeitungen und Zeitschriften wird ein schillerndes Spektrum von Meinungen ausgebreitet. Kommunistische Orthodoxe, Leninisten, Sozialisten, Liberale sowie Russophile (potschwenniki) werben um die Gunst ihrer Leser. Organe wie „Moskowskie nowosti", „Ogonjok" und „Snamja" bekunden eine deutliche Neigung zum Westen, „Nasch sowremennik", „Molodaja gwardija" betonen das russische Erbe. Es drängt sich der Gedanke auf, daß der Streit der Slawophilen und Westler wieder aufgelebt ist.[21] Die Russophilen, die an sich wegen ihrer Hinwendung zum orthodoxen Christentum eine gemeinsame Grundlage mit dem Westen finden können, versagen sich jedoch mehr oder weniger deutlich dem westlichen Geist, den sie für korrumpiert halten.

V. Spielraum für Nationalitäten, informelle Gruppen, Kirchen

Es war für Gorbatschow, nachdem er Generalsekretär geworden war, ein Ärgernis, daß die Macht der Moskauer Zentrale oft genug an den Grenzen der Unionsrepubliken und der Gebiete endete, in denen Duodezfürsten ein eigenes, in der Regel auf Korruption gegründetes Beziehungssystem aufgebaut hatten. Es wurde bald deutlich, daß allen diesen Eigenmächtigkeiten und der Mißwirtschaft ein Ende gesetzt werden sollte. Als im Dezember 1986 der kasachische Parteichef D. Kunajew durch den Russen G. Kolbin ersetzt wurde, hätten die Ausschreitungen und Demonstrationen in Alma-Ata die Moskauer Führung auf die Brisanz der Nationalitätenpolitik aufmerksam machen müssen. Nichtsdestoweniger erklärte Gorbatschow noch 1987, daß die nationale Frage im Prinzip gelöst sei[22], ob er dies nun glaubte oder nicht.

In der Absicht, wieder an Lenins Nationalitätenpolitik anzuknüpfen, räumte Gorbatschow den Unionsrepubliken direkt und indirekt mehr Freiheiten ein. Nachdem aber der Druck auf die Völker der Sowjetunion nachgelassen hatte, brachen die bis dahin gewaltsam niedergehaltenen

---

[21] M. Nazarow, in: Rheinischer Merkur, 1.9.1989. J. Dunlop, in: Report on the USSR, 23.6.1989.
[22] Pravda, 3.11.1987.

Konflikte unter den Nationalitäten mit ungekannter Heftigkeit auf.[23] Im Februar 1988 beantragte der Sowjet von Nagorny Karabach die Ausgliederung aus Aserbaidshan und den Anschluß an Armenien. Damit wurde eine Kettenreaktion ausgelöst: Rund eine Million Armenier unterstützte auf einer Demonstration in Jerewan diese Forderung, in Sumgait wurden 32 Armenier (oder sogar 300, wie die Armenier sagen) ermordet, es folgten Generalstreiks, 300.000 Menschen flüchteten, Nagorny Karabach wurde der Zentralregierung in Moskau unterstellt, schließlich blockierten die Aserbaidshaner wochenlang die Zugangswege nach Armenien. Als sich 1989 noch die Georgier und Abchasen bewaffnet gegenübertraten, wurde klar, daß der Kaukasus auf unabsehbare Zeit ein Pulverfaß war.

Wenn auch voreilige Beobachter mitunter bereits glauben, in den zentralasiatischen Republiken die grüne Fahne des Propheten erkennen zu können, so beschränken sich die Konflikte in dieser Region zunächst mehr auf das Zurückdrängen der russischen Zentralmacht. Insgesamt zeigten die islamischen Nationalitäten eine deutliche Bereitschaft zur physischen Vernichtung ihrer Gegner, wie dies auch das Massaker der Usbeken an den Mescheten im Fergana-Tal bewies.

Die Entwicklung in den baltischen Unionsrepubliken verlief zwar bislang unblutig, stellt aber mittelfristig für Moskau vielleicht eine noch ernstere Herausforderung dar als die Lage im Kaukasus. Angesichts der jahrzehntelangen Bevormundung, angesichts des Versagens der sowjetischen Planwirtschaft, der ökologischen Mißstände und der massiven Überfremdung vor allem in Lettland und Estland sehen die Balten die staatliche Unabhängigkeit vor dem II. Weltkrieg in einem verklärten Licht. Sie publizierten das geheime Zusatzprotokoll zum Hitler-Stalin-Pakt, mit dem sie die Diskussion um die zwangsweise Sowjetisierung eröffneten. Am 23. August 1989 bildeten die Litauer, Letten und Esten zur Erinnerung an den 50. Jahrestag des deutsch-sowjetischen Nichtangriffsvertrags eine Menschenkette von Wilna über Riga nach Tallinn, und machten damit die Welt auf das Unrecht aufmerksam, das ihnen widerfahren ist. Seit 1988 sind die Volksfronten in den baltischen Unionsrepubliken die stärksten Kräfte, die zwar vordergründig die Perestrojka vorantreiben wollen, in Wirklichkeit aber immer stärker auf Distanz zu Moskau gehen. In Litauen bekundeten Kommunisten ihre Absicht, sich von der KPdSU abzunabeln. Sie begründeten dies damit, daß sie nur so eine Chance hätten, unter den gegenwärtigen Wahlmodalitäten überhaupt in die Sowjets gewählt zu werden. Der litauische Komsomol hat sich bereits vom Allunions-Komsomol getrennt. Von Januar 1990 sollen die baltischen Republiken bis zu einem hohen Grad die wirtschaftliche Autonomie erhalten, was zur teilweisen Wiederherstellung des Privateigentums in

---

[23] G. Simon, in: Aktuelle Analysen des Bundesinstituts für ostwissenschaftliche und internationale Studien, Nr.41/1989.

der Landwirtschaft führen dürfte. Es werden im Baltikum auch schon Überlegungen angestellt, eine eigene Währung einzuführen. Allen Warnungen und Drohungen aus Moskau zum Trotz kämpfen die Litauer, Letten und Esten darum, den Rahmen der angestrebten Souveränität so stark auszuweiten, wie dies nur möglich ist, ja, es sind schon Forderungen nach Austritt aus der UddSSR laut geworden.

Weitere Volksfronten sind in Weißrußland, in der Ukraine (Ruch), in Moldawien, in Georgien, Aserbaidshan und Usbekistan entstanden, ohne allerdings bei den dortigen Parteiführungen auch nur annähernd soviel Verständnis oder sogar Anerkennung gefunden zu haben, wie dies bei denen im Baltikum der Fall war.

In der RSFSR ist die „Pamjat", eine chauvinistische, teilweise antisemitische Gruppierung, die vielleicht gewichtigste politische Erscheinung neben der KPdSU. Sie versteht sich als eine Art Gegenbewegung gegen alles Nichtrussische, kann aber nicht mit den Volksfronten verglichen werden. Insgesamt gibt es über 60.000 informelle Gruppen in der UdSSR, von denen etwa ein Zehntel sozial und politisch aktiv ist.[24] In dem Maße, wie die KPdSU nicht mehr allesbeherrschend ist und sich auf ein kleineres Wirkungsgebiet zurückzieht oder zurückziehen muß, werden die entstehenden Hohlräume von neuen Kräften ausgefüllt.

Seit 1987 konnten auch die Religionsgemeinschaften viel stärker in der Öffentlichkeit hervortreten. 1987 wurden zehn, 1988 fast 1000 Kultgebäude den verschiedensten Religionsgemeinschaften überantwortet, in der überwältigenden Mehrheit der russisch-orthodoxen Kirche. Es sind inzwischen auch schon Neubauten von Kirchen erlaubt worden. Die mit Rom unierte Kirche der Ukraine wartet allerdings nach wie vor auf ihre Zulassung.

VI. Reformen im politischen System

Je länger Gorbatschow die Partei führte, desto deutlicher wurde es, daß er in der Bürokratie von Partei und Staat seinen Hauptfeind sah. Dabei sagte er allerdings nie, daß die Bürokratie im Grunde das Rückgrat der Partei und des Staates war und ist. Mit ihren verschiedenen Formationen ist sie die eigentliche Macht im Hintergrund. In ihr könnten, wie sowjetische Wissenschaftler in Gesprächen andeuten, 25-30 Millionen Menschen tätig sein. In der Staats- und Wirtschaftsverwaltung sind nach sowjetischen Angaben 18,6 Millionen beschäftigt. Es wird immer wieder gefordert, die bürokratischen Apparate drastisch abzubauen. Gelegentlich ist sogar von einer Reduktion um 40 Prozent gesprochen worden.

---

[24] O. Alexandrowa, Informelle Gruppen in der Sowjetunion, in: Kontinent, 3/1989, S. 17-23.

Im Kampf gegen die Bürokratie ist Gorbatschow sogar bereit, nichtkommunistische Intellektuelle als Verbündete zu akzeptieren. Durch die neue Medienpolitik (Glasnost) wird u. a. bezweckt, das Versagen der Funktionäre in der Presse aufzuspießen. Nachdem Gorbatschow erkannt hatte, daß seine Wirtschaftsreformen zum Scheitern verurteilt waren, solange die Apparate von Partei und Staat das Ruder in der Hand behielten, nahm er den Kampf gegen die Bürokratie auf.

Auf dem ZK-Plenum im Januar 1987 schlug Gorbatschow organisatorische Maßnahmen vor, die die Partei effizienter und vertrauenswürdiger machen sollten.[25] Er versprach sich einiges davon, wenn die Sekretäre auf der mittleren Ebene in geheimer Wahl bestimmt würden. Dabei sollte auch die Möglichkeit erwogen werden, für jedes zu besetzende Amt mehrere Kandidaten aufzustellen. Gorbatschow wollte sich der Funktionäre alten Schlags auf elegante Weise entledigen. Er ging davon aus, daß bei geheimen Wahlen die alten, unfähigen Bürokraten in die Wüste geschickt würden. Die Apparatschiki des ZK können diese Vorschläge nur zähneknirschend hingenommen haben. Sie ließen, wie Gorbatschow eineinhalb Jahre später einräumte, alle Anregungen in den Mühlen der Bürokratie bis zur Unkenntlichkeit zermalmen.[26] Um das widerwillige ZK unter Druck zu setzen, drängte Gorbatschow auf die Abhaltung einer Parteikonferenz, von der er hoffte, daß diese seine politische Reform absegnen würde. Sicher spielte er auch mit dem Gedanken, die Konservativen im ZK auf der Parteikonferenz endgültig ausschalten zu können. Die Konferenz fand schließlich im Juni-Juli 1988 statt, ließ jedoch den Personalbestand des ZK unangetastet, aber immerhin wurden Maßnahmen beschlossen, die die Macht des Apparats drastisch verringern sollen[27]:

1. Die Sekretäre und Mitglieder aller Parteikomitees („bis hin zum ZK der KPdSU") sollten erst nach eingehender Prüfung ihrer Qualitäten in geheimer Abstimmung gewählt werden. (So hoffte man, die autoritätsgläubigen Kommunisten am ehesten bewegen zu können, die unfähigen Funktionäre abzuwählen.) Es soll auch die Möglichkeit gegeben werden, für jedes Amt mehrere Kandidaten aufzustellen.

2. Die Parteisekretäre und Mitglieder der Büros (einschließlich des Politbüros) sollen ab 1988/89 maximal zwei Amtsperioden auf ein- und demselben Posten bleiben dürfen, also höchstens zehn Jahre.

3. Auf den Parteikonferenzen, die in Zukunft im Rhythmus von 2-3 Jahre stattfinden, sollen bis zu 20 Prozent der Mitglieder der Parteikomitees (bzw. des ZK der KPdSU) erneuert werden können.

---

[25] Pravda, 28.1.1989.
[26] Pravda, 2.7.1988.
[27] Pravda, 29.6.1988, 5.7.1988.

Um die Parteifunktionäre nicht frontal anzugehen, begann Gorbatschow mit den Reformen im staatlichen Bereich. „Die Sowjets der Volksdeputierten", so hatte der Dichter J. Jewtuschenko im Juni 1988 geschrieben, „in denen es keine Vertreter der Gläubigen gibt, können unser Volk überhaupt nicht repräsentieren".[28] Auf der Parteikonferenz Juni/Juli 1989 setzte sich Gorbatschow mit dem Plan durch, einen Kongreß von Volksdeputierten einzuberufen, der seinerseits den Obersten Sowjet wählen sollte. Gorbatschows Hintergedanke lag darin, die Parteifunktionäre dem Fegefeuer öffentlicher Kritik auszusetzen und so alle die Kräfte zu eliminieren, die ihren Ämtern nicht gewachsen waren. Erstaunlicherweise stimmten die Parteikonferenzdelegierten fast einstimmig den politischen Reformen zu, obwohl viele unschwer hätten erkennen können, daß sie damit ihre Karriere gefährdeten.[29] In größter Eile wurde die Verfassung von 1977 verändert.

Viele Funktionäre glaubten den Reformen im staatlichen Sektor zustimmen zu können, nachdem eine Reihe von Sicherungen eingebaut worden war.

1. Ein Drittel der 2250 Deputierten des Volkskongresses sollte nicht in geheimer und gleicher Wahl gewählt, sondern von den gesellschaftlichen Organisationen (Partei, Gewerkschaft, Frauen- und Veteranenvereinigungen, Kunst- und Wissenschaftsverbände u. a.) nominiert werden. Der Partei wurden 100 Sitze reserviert: Fast die gesamte Parteiführung gelangte so außerhalb der allgemeinen gleichen und direkten Wahlen in den Kongreß der Volksdeputierten.

2. In 384 der 1500 Wahlkreise wurde nur ein Kandidat aufgestellt. Die Parteifunktionäre glaubten, daß damit die Wahl dieser Kandidaten als garantiert gelten könnte.

3. Schließlich vertraute man darauf, daß die Wahlkommissionen auf den verschiedensten Ebenen die Auswahl der Kandidaten im Sinne der Partei regulieren könnten.

Alle drei Sicherheitsvorkehrungen versagten. Infolge der wachsenden Meinungsfreiheit in den Medien, Auditorien und auf den Straßen wurde die Bevölkerung vor allem in den baltischen Unionsrepubliken, in Moskau und Leningrad so aktiv, wie dies nur wenige für möglich gehalten hatten. Bereits bei der Aufstellung der 750 Kandidaten, die von den gesellschaftlichen Organisationen benannt wurden, zeigte sich das Selbstbewußtsein der Bürger. Als das Establishment der Akademie der Wissenschaften A. Sacharow nicht als Kandidat zulassen wollte, wurde vor allem von den jüngeren

---

[28] Moskovskie novosti, 12.6.1989.
[29] Das Protokoll der Parteikonferenz erschien in deutscher Sprache unter dem Titel: Offene Worte. Gorbatschow, Ligatschow, Jelzin und 4991 Delegierte diskutieren über den richtigen Weg. Nördlingen 1988.

Wissenschaftlern so lange Druck ausgeübt, bis dieser schließlich in den Kongreß der Volksdeputierten entsandt wurde.

Die Wahlkreise, in denen nur ein Kandidat zur Wahl stand, erwiesen sich durchaus nicht immer als todsichere Eintrittskarte zum Kongreß der Volksdeputierten.[30] Ju. Solowjow, der Erste Sekretär des Leningrader Gebiets und Kandidat des Politbüros, fiel bei den Wahlen am 26. März 1989 durch. Das Unglaubliche war geschehen: 130 000 Wähler hatten seinen Namen durchgestrichen, nur 110 000 hatten für ihn gestimmt. Noch schlimmer erging es dem Parteichef des Stadtkomitees von Leningrad, der nur 15 Prozent der Stimmen errang.

Atemberaubend war der Sieg von B. Jelzin, der 1987 unter Mithilfe von Gorbatschow als Parteichef von Moskau abgesetzt worden war. Da ihm der Parteiapparat das Vertrauen entzogen hatte, wollte Jelzin beweisen, daß er nichtsdestoweniger das Vertrauen der Bevölkerung besaß und ließ sich ausgerechnet im prestigeträchtigen Wahlkreis Nr. 1 (Moskau) mit 6,7 Millionen Wahlberechtigten als Kandidat registrieren. Seine Rechnung ging auf, obwohl sich eine Reihe von Politbüromitgliedern am Vorabend der Wahlen abfällig über Jelzin geäußert hatte und obwohl sogar ein ZK-Untersuchungsverfahren gegen ihn eingeleitet worden war. Jelzin gewann 89,4 Prozent aller abgegebenen Stimmen.

Wenn auch viele Apparatschiki in den Kongreß der Volksdeputierten einrückten (vielleicht aufgrund von Manipulationen), so war in den aufgeklärten Städten und Regionen unübersehbar, daß ein Kandidat um so mehr Stimmen erhielt, je kritischer er dem Parteiapparat gegenüberstand. Die Stimme der Partei verlor deutlich an Autorität. Unmittelbar vor den Wahlen hatte die „Prawda" die Kommunisten Estlands geradezu beschwörend vor der „Volksfront" gewarnt.[31] Es schnitten jedoch bei den Wahlen in den baltischen Republiken vor allem diejenigen am besten ab, die sich gegenüber den Forderungen der Volksfront aufgeschlossen gezeigt hatten.

Nach zwei Nachwahlterminen, die nötig geworden waren, da einige Kandidaten nicht genügend Stimmen auf sich hatten vereinen können, tagte der Kongreß der Volkskdeputierten vom 25. März bis zum 9. Juni 1989. Das überbordende Redebedürfnis brach sich mit derartiger Wucht Bahn, daß die Tagesordnung und die geplante Frist für die erste Sitzungsperiode des Volkskongresss nicht eingehalten werden konnten. Gleich zu Beginn der Session wurde Gorbatschow mit nur wenigen Gegenstimmen zum Präsidenten des Obersten Sowjet gewählt. Schwieriger wurde es für ihn, seinen Stellvertreter, A. Lukjanow, durchzusetzen. Angesichts der zu erwartenden

---

[30] Hierzu E. Schneider: Auf dem Wege zum Parlamentarismus, in: Berichte des Bundesinstituts für ostwissenschaftliche und internationale Studien, Nr. 64/1989.

[31] Pravda, 22.3.1989.

Zerreißprobe in der Partei und im Land hatte Gorbatschow als Generalsekretär und als Staatsoberhaupt eine solche Macht in seinen Händen konzentriert, daß er für alle Eventualitäten gewappnet war. Als Vorsitzender des Obersten Sowjet schlug er den Ministerpräsidenten, den Vorsitzenden des Komitees für Verfassungsaufsicht, den Vorsitzenden des Obersten Gerichts und den Generalstaatsanwalt vor.

Obwohl die Mehrheit der Deputierten offensichtlich eher zum konservativen Flügel tendierte, bestimmten vor allem die Reformer die Diskussion. Sie brauchten auch am wenigsten das Licht der Öffentlichkeit zu scheuen. Es wurde nicht nur über die bedenkliche Wirtschaftslage gesprochen, sondern auch über fast alle offenen Fragen, die in der Intelligenz der Sowjetunion erörtert wurden. Die „barbarische Idee der Weltrevolution" wurde von Tsch. Aitmatow angeprangert.[32] Es wurde nach der Gefahr eines Staatsumsturzes gefragt. Man versuchte (vergeblich) zu klären, wer in letzter Instanz für die blutige Niederwerfung der Demonstration in Tiflis vom 9. April verantwortlich war. Die Vertreter der Balten meldeten immer wieder ihre Autonomiewünsche an. Ju. Wlassow forderte die Kontrolle des KGB durch den Volkskongreß.[33] Auch die Person Gorbatschows wurde nicht geschont. Ein noch größeres Sakrileg war es, daß ein Deputierter vorschlug, das Lenin-Mausoleum auf dem Roten Platz in Moskau zu beseitigen und Lenin — entsprechend seinem Wunsch — neben seiner Mutter zu bestatten.[34]

Dank der Fernsehübertragung konnte die Bevölkerung das Geschehen im Kongreß der Volksdeputierten intensiv verfolgen. Es wurde deutlich, daß man ohne Angst vor Repressalien selbst heikle Themen anpacken konnte. So hat der Kongreß, wenn er auch mittelbar nicht sehr viel verändern konnte, ganz sicher zur Schärfung des politischen Bewußtseins beigetragen. Noch bevor er seine Arbeit beendete, begann am 3. Juni die erste Sitzung des Obersten Sowjet, die sich bis zum 4. August 1989 hinzog. Obwohl nur wenige der herausragenden Reformer von den 2250 Volksdeputierten in den 542 Personen umfassenden Obersten Sowjet gewählt wurden, erwiesen sich die Befürchtungen einiger Heißsporne, daß die Konservativen im ständigen Parlament, als das der Oberste Sowjet fungieren sollte, alle notwendigen Reformen abblocken würden, als nicht stichhaltig. Jelzin konnte erst dann in den Obersten Sowjet einziehen, nachdem ein Deputierter ihm seinen Platz zur Verfügung gestellt hatte. Es war für Ministerpräsident N. Ryschkow und vermutlich auch für Gorbatschow sicher eine Überraschung, daß die Mitglieder des Obersten Sowjet neun Kandidaten für Ministerämter und für den Vorsitz von Staatskomitees ihre Zustimmung versagten. Selbst Verteidigungsminister Jasow fand nicht die nötige Unterstützung. Erst als auf

---

[32] Izvestija, 4.6.1989.
[33] Izvestija, 4.6.1989.
[34] Ebenda.

Bestreben Gorbatschows die Wahlmodalitäten geändert worden waren, wurde Jasow in seinem alten Amt bestätigt.

Ende Juli bildete sich eine „interregionale Abgeordnetengruppe" mit fast vierhundert Parlamentariern, darunter 90 Mitgliedern des Obersten Sowjet, die auf eine schnellere Gangart der Reformen drängten. Zu ihren Wortführern gehörten Jelzin und Sacharow. Diese Formation tendierte nicht nur zur Bildung einer Fraktion, sondern sogar einer Opposition, was seit 1921 eigentlich nicht mehr statthaft war.

Die Sitzungen des Kongresses der Volksdeputierten und des Obersten Sowjet fanden in einer Atmosphäre statt, die bestimmt war durch den Ärger über die sich verschlechternde Wirtschaftslage, das Pogrom der Usbeken gegen die Mescheten, die Explosion einer Ferngasleitung im Ural und schließlich durch den Streik der Bergarbeiter. Eine Weile sah es sogar so aus, als ob selbst die Eisenbahner in den Ausstand treten würden, was die geschwächte Wirtschaft empfindlich getroffen hätte. Trotz aller dieser Probleme mußte sich Gorbatschow die Zeit nehmen, in die Bundesrepublik und nach Frankreich zu reisen.

Am Ende der ersten Session des Obersten Sowjet kam im Parteiapparat, in der Partei und in der Bevölkerung aus den verschiedensten Gründen eine Katerstimmung auf. In den beiden Parlamenten waren, was wohl einige erwartet hatten, keine Patentlösungen der drängenden Probleme gefunden worden. Die Parteifunktionäre hatten den Eindruck, daß die KPdSU in letzter Zeit zu kurz gekommen war. Der Parteiapparat war seit dem ZK-Plenum im September 1988 geschwächt worden, als man das ZK-Sekretariat umstrukturiert hatte. Gorbatschow konnte kaum noch allen Verpflichtungen nachkommen, die ihm aus seiner Ämterfülle entstanden waren. In der Bevölkerung hatten der Oberste Sowjet und der Kongreß der Volksdeputierten auf Kosten des ZK, das hinter geschlossenen Türen zu tagen pflegte, an Autorität gewonnen. Diese Verschiebung der Macht zum Kongreß der Volksdeputierten und zum Obersten Sowjet war von Gorbatschow allem Anschein nach bewußt angestrebt worden.

Auf einer Konferenz im ZK am 18. Juli kam der Unmut der Funktionäre über diese Entwicklung offen zum Ausdruck. Mit den Beispielen Polens und Ungarns vor Augen, wo die kommunistischen Parteien rapide an Boden verloren hatten, befürchteten die konservativen sowjetischen Funktionäre offensichtlich, daß die KPdSU ebenfalls dabei war, ihre Position zu verspielen. Der Chefideologe W. Medwedjew mußte sich Vorwürfe wegen der wachsenden Entideologisierung in der Gesellschaft anhören. Man beklagte, daß die Partei ihre dominierende Rolle verspiele, daß die Disziplin in den Reihen der KPdSU nachlasse. Vom Parteiappart kämen, hieß es, keine Weisungen mehr, ja selbst die Worte des Generalsekretärs fänden kaum noch Gehör. Man brauche wieder, wie dies vor dem ZK-Plenum im September 1988 der Fall war, einen zweiten Sekretär. Vier Politbüromitglieder, Ligatschow, Ryschkow, Worotnikow und Saikow, äußerten sich kritisch zum Zustand der Partei. Drei weitere (Schtscherbitzkij, Tschebrikow und Nikonow) dürften diese Kritik geteilt haben, äußerten sich aber wohl deshalb nicht, weil sie wußten, daß ihre Tage im obersten Parteiorgan gezählt waren.

In der Tat war infolge der ständigen Vorwürfe an die Adresse der KPdSU das Ansehen der Partei stark gesunken. Es gab kaum noch Leitlinien, die von allen anerkannt wurden. Der Kommunismus als Endziel wurde fast überhaupt nicht mehr erwähnt. Was Sozialismus war, definierte jeder auf seine Weise. Das Parteiprogramm von 1986, das zu Beginn von Gorbatschows Herrschaft verabschiedet worden war, galt längst als antiquiert. An seine Stelle war die Perestrojka getreten, die allerdings sehr rasch ihr Aussehen veränderte. Lenin, der Gründungsvater der Partei, verschwand in einem mythologischen Nebel. Prominente Parteimitglieder forderten, sich an der Bibel zu orientieren, andere versprachen sich mehr von westlichen Sozialismusvorstellungen. Selbst Deputierte des Volkskongresses äußerten sich positiv über die Idee eines Mehrparteiensystems. Angesichts einer solchen Verwirrung hatten es Funktionäre, die keine starke persönliche Ausstrahlung hatten, sehr schwer, die Politik der KPdSU vor der Bevölkerung zu vertreten. Vor allem die Parteiführer der mittleren und unteren Ebene befanden sich oft in einer mißlichen Situation. Sie mußten 12 Stunden am Tag arbeiten, mußten die Kritik wegen aller Mißstände über sich ergehen lassen, sollen sich in Zukunft Wahlen in den Sowjets stellen, die sie kaum gewinnen können, und sollen obendrein noch einen großen Teil der Privilegien verlieren. Die Funktionäre des Mittelbaus reagierten oft wütend auf die Politik der Parteiführung. Sie scheuen nicht einmal vor der Kritik an Gorbatschow zurück.[35]

VII. Eine Zwischenbilanz

Die Sowjetunion, wie sie sich Ende 1989 darstellt, hat sich im Vergleich zur Breshnew-Zeit erstaunlich, vielleicht sogar grundlegend geändert. Die Unterdrückung Andersdenkender ist Zug um Zug reduziert worden. Sacharow, der einstmals nach Gorki verbannt war, ist heute Mitglied des Kongresses der Volksdeputierten. Es scheint nur wenige politische Gefangene zur Zeit zu geben. Seitdem die Strafrechtsreform 1986 begonnen hat, werden die Menschenrechte unverkennbar respektiert. Zukunftsweisend aber ist die Meinungsfreiheit, die sich in zunehmendem Maße in der Presse, in Büchern, im Fernsehen und in Diskussionsforen niederschlägt. Es wird oft leidenschaftlich um Antworten auf die verschiedensten Fragen der Wirtschaft, der

---

[35] U. Engelbrecht, in: General-Anzeiger, 7.8.1989.

Politik und der Moral gerungen. Es gehört zu den erfreulichsten Überraschungen, daß sich unter der Eisdecke der Breshnew-Zeit eine so breite Intelligenz entwickeln konnte, die sich heute in den Medien mit wachsendem Mut zu Wort meldet. Daß gegenwärtig so kontrovers diskutiert werden kann, gereicht der sowjetischen Führung zur Ehre. Nur wenn die Meinungs-, Gewissens-, Presse- und Koalitionsfreiheit gewährt ist, lassen sich die Schwierigkeiten meistern, die sich in der Sowjetunion aufgetürmt haben.

Als Gorbatschow das Amt des Generalsekretärs übernahm, stand er, wie eingangs dargestellt wurde, vor fünf großen Herausforderungen:

1. 1985 befand sich die Sowjetwirtschaft in einer kritischen Situation. Es sind zwar inzwischen viele Reformschritte getan worden, aber die ökonomische Situation hat sich nicht verbessert, sondern verschlechtert. Die Regale haben sich nicht gefüllt. Zucker ist für alle rationiert worden. Es fehlt manchmal an Seife, Waschmitteln, Fleisch, Zigaretten und Gemüse. Die Bevölkerung scheint panikartig alles aufzukaufen, was angebobten wird, und schafft so ungewollt erst recht Engpässe. Tausende von Güterwagen mit Konsumgütern werden trotz aller Drohungen und Beschwörungen nicht rechtzeitig abgefertigt. Pro Tag stehen 100.000 Waggons still. Die Energieversorgung ist empfindlich zurückgegangen. Allein das Unglück an der Gaspipeline bei Ufa hat zur Folge, daß man 1989 20 Prozent weniger Erdgas zur Verfügung haben wird als im Vorjahr.

2. Die Durchsetzungsfähigkeit des Generalsekretärs ist im Parteiapparat und in der zentralen Regierung (allem Anschein nach) seit 1985 gewachsen, nicht aber in den Provinzen des Landes. Die Bestrebungen in den Unionsrepubliken, sich einen größeren Freiraum zu verschaffen, gegen Moskau aufzustehen, ja sogar der Sowjetunion den Rücken zu kehren, sind so groß, daß manche schon einen Zerfall der UdSSR befürchten (oder erhoffen).

Alles in allem ist es um die Autorität der Partei und die Disziplin in der KPdSU schlecht bestellt. Die Enthüllungen aus den Zeiten Stalins, Breshnews, aber auch Lenins haben die Parteimitglieder irritiert. Die Parteidisziplin ist so lasch geworden, daß prominente Kommunisten Errungenschaften des Kapitalismus oder der westlichen Demokratie feiern können oder die Auflösung der „Prawda" fordern können, ohne dafür zur Rechenschaft gezogen zu werden. Aber auch Gorbatschow bekommt inzwischen den Geist der Unbotmäßigkeit zu spüren. Er und seine Frau (baba Raja) wurden in einem Gedicht, das die „Prawda" abgedruckt hatte, regelrecht verspottet.[36] In Leserbriefen wird an Gorbatschow deutlich Kritik geübt.

3. Die Bevölkerung sieht wahrscheinlich nach wie vor in der KPdSU den Motor der Reformen, aber sie scheint angesichts der sich häufenden Versorgungsengpässe an der Zauberformel „Perestrojka" allmählich irre zu wer-

---

[36] Pravda, 23.7.1989.

den. Bei einer Umfrage im Juni 1989 ergab sich, daß ein Drittel der Bevölkerung und ein Viertel der Parteimitglieder daran zweifeln, daß die KPdSU in der Lage sei, sich zu erneuern und der Rolle einer Avantgarde gerecht zu werden. 39 Prozent der Befragten erklärten, daß das Ansehen der untersten Parteiorganisationen schlechter geworden sei.[37]

4. Außenpolitisch hat die Sowjetunion dank der Abrüstungsverhandlungen, dank des Rückzugs aus Afghanistan und durch die vielen diplomatischen Vorstöße ein großes Vertrauen gewonnen.

5. In Polen und Ungarn hat man dem kommunistischen Herrschaftsmodell den Abschied gegeben. Die DDR ist unter Reformdruck geraten. Wirtschaftlich ist die Sowjetunion nicht mehr in der Lage, diesen Ländern unter die Arme zu greifen; politisch dürfte sie in den nächsten Jahren in Osteuropa an Einfluß verlieren.

Der Reformprozeß in der Sowjetunion ist in jüngster Zeit durch die dramatischen Entwicklungen in einigen Unionsrepubliken, durch die Wirtschaftsmisere und durch die Glasnost gefährdet, die inzwischen wie eine Säure die Legitimationsbasis der Partei zerstört. Die Situation ist derart kritisch, daß viele nach einer „starken Hand" rufen. In der Tat kann man den Eindruck gewinnen, daß durch die Reformen Gorbatschows Kräfte freigesetzt worden sind, die inzwischen der politischen Führung zu entgleiten drohen.

(Abgeschlossen im Oktober 1989)

---

[37] Pravda, 16.10.1989.

VON DER TECHNOKRATISCHEN MODERNISIERUNG
ZUR MARKTWIRTSCHAFTLICHEN WENDE*

*Krisenlage und Reformperspektiven der sowjetischen Wirtschaft
nach sechs Jahren Gorbatschow*

Von Hans-Hermann Höhmann

I. Die sowjetische Revolution und ihre ökonomische Bedeutung

Die sowjetische Perestrojka, 1985 in der Andropow-Nachfolge als Prozeß technokratischer Modernisierung begonnen, hat spätestens seit Mitte 1988 den Charakter eines revolutionären Prozesses angenommen. Drei zentrale Vorgänge in ihrem Zusammenspiel bestimmen dabei die gegenwärtige politische und ökonomische Situation, die Entwicklungsdynamik sowie die Reformperspektiven in der UdSSR:

— das Abrutschen der ökonomischen Entwicklung in eine sich immer mehr vertiefende Wirtschaftskrise, die mittlerweile deutlich über die Stagnationserscheinungen der Ära Breshnew hinausgeht und beginnt, Zusammenbruchserscheinungen aufzuweisen;

— der durch den bisherigen Verlauf der Perestrojka (vor allem durch Glasnost) bewirkte Prozeß der Aktivierung und Politisierung der Bevölkerung, der zu einer weder vorhergesehenen noch gar beabsichtigten „Perestrojka von unten" geführt hat und wegen der anhaltenden Auseinandersetzungen um die Unabhängigkeit der baltischen Republiken sowie der neueren Tendenzen hin zu einer eigenen politischen Rolle Rußlands innerhalb der UdSSR und der jüngst erfolgten Souveränitätserklärung der Ukraine gegenwärtig einem neuen Höhepunkt entgegensteuert, sowie

— der kontinuierliche Kompetenz- und Autoritätsverlust der Kommunistischen Partei, der bislang in keiner Weise durch die auf das Ziel der „Schaffung eines Systems der wahren Volksmacht" (Gorbatschow 1990a) gerichteten politischen Reformen und die damit verbundene beginnende Verlagerung von Macht und Entscheidungskompetenzen

---

* Das Manuskript wurde vor Verabschiedung der „Grundrichtungen für die Stabilisierung der Volkswirtschaft und den Übergang zur Marktwirtschaft" im Oktober 1990 abgeschlossen.

hin zum Volksdeputiertenkongreß bzw. zum reformierten Obersten Sowjet sowie seit Februar 1990 auch zum Staatspräsidenten der Sowjetunion aufgehalten oder kompensiert werden konnte.

Die sich vertiefende Wirtschaftskrise wird im Zusammenhang mit der zentralen Frage nach den Perspektiven für die ökonomische Reform später ausführlicher erörtert. Im Hinblick auf die engen Zusammenhänge zwischen politischen und ökonomischen Entwicklungen kommt jedoch auch dem politischen Umfeld wirtschaftlicher Veränderungen eine entscheidende Bedeutung zu.

Besonders folgenreich ist der in dieser Breite und Intensität nicht vorhergesehene Prozeß der Aktivierung und Politisierung der sowjetischen Bevölkerung. Drei Erscheinungsformen sind dabei wiederum von besonderer Wichtigkeit:

— die Vitalisierung russischer Eliten, vor allem im politisch-intellektuellen Treibhaus Moskau, die zu neuen Konzepten und Gruppierungen — inzwischen sogar Parteibildungen — links und rechts von der durch Gorbatschow repräsentierten mittleren Reformlinie geführt hat und möglicherweise auch schon bald zur Spaltung der KPdSU in einen orthodoxen und einen reformorientiert-sozialdemokratischen Flügel führt;

— das Aufbegehren der nichtrussischen Nationen (Halbach 1990) an der gesamten nord-west-südlichen Peripherie der UdSSR, gekennzeichnet durch konzeptionelle Radikalisierung der Perestrojka bis zum Systemwechsel (vor allem Baltikum, wo der Übergang zu parlamentarischer Demokratie und Marktwirtschaft gefordert wird), durch ausgeprägte Tendenzen zum Ausscheiden aus der UdSSR (Baltikum, Georgien) und durch gewaltsame intraregionale Konflikte (vor allem im Transkaukasus: aserbaidschanisch-armenischer Bürgerkrieg) sowie

— die Aktivierung und Politisierung der Arbeiterschaft, wie sie vor allem in der Streikbewegung des vergangenen Jahres zum Ausdruck kam (Knabe 1989), die einerseits als Ausdruck des fälligen Übergangs zu offenen Formen eines Austragens von Arbeitskonflikten in der sowjetischen Gesellschaft zu begrüßen ist, andererseits aber — von Auswirkungen auf die Produktion ganz abgesehen — Legitimität, Kontinuität und Stabilität der Reformpolitik durch neue Frontenbildung und ökonomische Kosten belastet.

Die Aktivierung und Politisierung der Bevölkerung hat deutlich gemacht, daß sich das ursprüngliche Konzept der Perestrojka, das Konzept einer Revitalisierung und Pluralisierung des Sozialismus — ideologisch orientiert am späten Lenin der „Neuen Ökonomischen Politik" und von der Prämisse einer Beibehaltung der Einparteienherrschaft der KPdSU und einer Bewah-

ABHANDLUNGEN DES GÖTTINGER ARBEITSKREISES

Band 7

Sowjetpolitik unter Gorbatschow

Die Innen- und Außenpolitik der UdSSR 1985 - 1990

150 S. 1991. DM 68,–

ISBN 3-428-07079-8 · ISSN 0720-6844

Inhalt

Von Breshnew zu Gorbatschow
  Von Dr. *Heinz Brahm*, Köln 7

Von der technokratischen Modernisierung zur marktwirtschaftlichen Wende. Krisenlage und Reformperspektiven der sowjetischen Wirtschaft nach sechs Jahren Gorbatschow
  Von Dr. *Hans-Hermann Höhmann*, Köln 27

Von der „sozialistischen Gesetzlichkeit" zum „sozialistischen Rechtsstaat". Anmerkungen zur aktuellen Rechtsentwicklung in der Sowjetunion
  Von Prof. Dr. *Georg Brunner*, Köln 47

Der Zusammenbruch des sowjetischen Zentralstaates
  Von Dr. *Gerhard Simon*, Köln 67

Die Wechselbeziehungen zwischen der Innen- und Außenpolitik Gorbatschows
  Von Prof. Dr. *Boris Meissner*, Köln 87

Gorbatschows Deutschlandpolitik
  Von Prof. Dr. *Wolfgang Pfeiler*, St. Augustin 115

Die Militärpolitik Gorbatschows und der Warschauer Pakt
  Von Dr. *Günther Wagenlehner*, Bonn 131

Duncker & Humblot · Berlin

Die innenpolitische Entwicklung der Sowjetunion in der Zeit vor Gorbatschow wurde in Band 2 und in Band 5 der Reihe Abhandlungen des Göttinger Arbeitskreises behandelt:

Band 2

Die Sowjetunion heute

Innenpolitik, Wirtschaft und Gesellschaft

127 S. 1981. DM 38,–

ISBN 3-428-04883-0

Inhalt: Prof. Dr. *B. Meissner,* Innenpolitische Entwicklungstendenzen und Wandlungen des Herrschafts- und Gesellschaftssystems der Sowjetunion – Prof. Dr. *G. Brunner,* Die neue Sowjetverfassung und ihre Auswirkungen auf die Rechtsordnung – Prof. Dr. *P. Knirsch,* Die Entwicklung der sowjetischen Wirtschaft seit dem XXV. Parteitag der KPdSU – Dr. *G. Simon,* Die nichtrussischen Völker als Elemente des Wandels in der sowjetischen Gesellschaft – Dr. *H. Brahm,* Die sowjetischen Dissidenten. Strömungen und Ziele – Dr. *O. Luchterhand,* Die Menschenrechte und das Verhältnis von Kirche und Staat in der Sowjetunion

Band 5

Die Sowjetunion im Übergang von Breschnew zu Andropow

131 S. 1983. DM 48,–

ISBN 3-428-05529-2

Inhalt: Dr. *H. Brahm,* Die sowjetische Innenpolitik zwischen Stillstand und Bewegung – Prof. Dr. *G. Brunner,* Die Innenpolitik der Sowjetunion vor und nach dem XXVI. Parteitag der KPdSU – Prof. Dr. *B. Meissner,* Der Führungswechsel im Kreml – Dr. *H.-H. Höhmann,* Die sowjetische Wirtschaft zu Beginn der achtziger Jahre – Prof. Dr. *B. Meissner,* Die sowjetische Außenpolitik am Ausgang der „Breshnew-Ära"

Bestellungen können an jede Buchhandlung gerichtet werden oder direkt an den Verlag

Duncker & Humblot · Berlin

Postfach 41 03 29 · D-1000 Berlin 41

rung des regionalen Bestandes der UdSSR ausgehend (Höhmann 1989a) —, nicht realisieren läßt. Die seit 1986/87 unter den Hauptstichwörtern Glasnost, Demokratisierung und Schaffung eines „sozialistischen Rechtsstaats" eingeleiteten politischen Reformen ließen sich nicht wie ursprünglich angestrebt auf die Funktion einer unterstützenden Flankierung der beabsichtigten ökonomischen Leistungssteigerung begrenzen. Die gewährten „Halbfreiheiten" erwiesen sich als instabil und drängten nach Erweiterung. Insbesondere Glasnost wurde aus einem publizistischen Kampfmittel gegen die reformresistente Bürokratie rasch zum entscheidenden Medium und Katalysator einer neuen, gegen Parteiherrschaft und russische Hegemonie gerichteten politischen Wirklichkeit.

Die Überwindung der gegenwärtigen Wirtschaftskrise ist durch die skizzierte Politisierung der Gesellschaft nicht leichter geworden — zumal, wenn auf stärker werdenden Druck von unten mit konzeptionell unklaren Kompromissen reagiert wird und der zunehmende Autoritätsverlust der Kommunistischen Partei und ihres Generalsekretärs unverkennbar ist. Gorbatschow hat sich bemüht, mit politischen Reformen wie Aufwertung der Sowjets, insbesondere des mittelbar aus freieren Wahlen hervorgegangenen Obersten Sowjet als ständigem Arbeitsparlament mit ihm selbst als Vorsitzenden, und seit Februar 1990 mit dem Amt des Staatspräsidenten der UdSSR einen Legitimationsgewinn für seine Herrschaft zu erzielen. Es gelang jedoch nicht, eine neue leistungsfähige Entscheidungsstruktur zu schaffen. Eher gibt es Ansätze zu einer „Mehrfachherrschaft" (Präsident, Parlamente, Apparate etc.), die auch und nicht zuletzt in der Wirtschaftspolitik rasches und konsequentes Handeln erschwert und zu einer Situation des Scheideweges geführt hat, in der entweder bisherige halbherzige und wenig erfolgreiche Reformmaßnahmen zurückgenommen werden müssen oder der Versuch zu machen ist, die Reformpolitik mit wirklich radikalen Schritten voranzutreiben.

II. Die sowjetische Wirtschaftskrise

1. Alte und neue Probleme

Das Wesen der gegenwärtigen tiefen Krise der sowjetischen Wirtschaft — die sich zur Zeit (Herbst 1990) aufgrund der akuten landwirtschaftlichen Notstandssituation (eine an sich gute Ernte kann offenbar nur unvollständig eingebracht werden) weiter zuspitzt — besteht in einem Zusammenfallen von alten, chronischen, noch nicht überwundenen, aus der Ära Breshnew übernommenen, ja schon von früher ererbten Schwierigkeiten mit neuen Problemen, die im Zuge der Perestrojka, teilweise auch durch

Maßnahmen der Perestrojka selbst bzw. durch deren Halbheiten und Widersprüche entstanden sind.

Zu den chronischen Schwierigkeiten gehören vor allem der starke Abfall des Wirtschaftswachstums, die hartnäckige Stagnation der Produktivitätsentwicklung, die unzureichende Qualität der erzeugten Produkte und die allzu langsame technologische Innovation.

Die vor allem in der Spätphase der Ära Breshnew eingetretene Stagnation des wirtschaftlichen Wachstums, die im Vollzug der vom 12. Fünfjahresplan für die Jahre 1986-1990 vorgesehenen Politik der Beschleunigung (Uskorenie) überwunden werden sollte (Höhmann 1986), hält weiter an. Gegenwärtig tendieren die Wachstumsraten der sowjetischen Wirtschaft sogar deutlich zum Nullniveau hin. Tab. 1 (S. 32) zeigt die überhöhten, inflationsverzerrten Daten der sowjetischen Statistik. Tab. 2 (S. 32) gibt alternative Wachstumsschätzungen wieder, die als Anhaltspunkte für das notwendige Ausmaß der Korrektur offizieller makroökonomischer Daten gewertet werden können. Chanin ist ein kritischer sowjetischer Wirtschaftswissenschaftler, dessen für die offizielle Statistik blamable Neubewertung des sowjetischen Wachstums bezeichnenderweise in der Parteizeitschrift „Kommunist" erschien.

Das Wachstum der Industrie lag mit 3,6 % im Durchschnitt der Jahre 1986-1989 über der von 1981 bis 1985 erreichten Zunahme, blieb aber hinter den Beschleunigungszielen des 12. Fünfjahresplans zurück (Götz-Coenenberg / Höhmann / Seidenstecher 1988). Auch beim Industriewachstum ist eine erhebliche Inflationskomponente anzunehmen. Wie das Gesamttempo, so entsprachen auch Struktur und Dynamik des Wachstums nicht den Vorgaben des mittelfristigen Plans. Die Produktionsgruppen A (Produktionsmittel) und B (Konsumgüter) wuchsen bis 1988 etwa gleich schnell, und wenn man von einer vermutlich höheren Inflationskomponente bei der Verbrauchsgütererzeugung ausgeht, so hatte sich der im Fünfjahresplan vorgesehene Wachstumsvorrang der Gruppe B zumindest bis 1988 nicht eingestellt. Ausgelöst durch die Krise der Versorgung zeichnete sich seit 1988 allerdings eine Kurskorrektur ab, die sich 1989 mit einem deutlichen Wachstumsvorrang der Konsumgüterproduktion fortsetzte. Im Zusammenhang mit dem Schicksal des Modernisierungsprogramms ist von Bedeutung, daß die Erzeugung des „Maschinenbaukomplexes" von 1986 bis 1989 zwar etwas schneller wuchs als im 11. Planjahrfünft, jedoch deutlich hinter den Zielen des 12. Fünfjahresplans zurückblieb. Besonders ungünstig fiel bereits das Jahr 1987 aus, was zu einem großen Teil auf rigorose Eingriffe der neu geschaffenen staatlichen Qualitätskontrollorganisation „Gosprijomka" zurückzuführen war. Insgesamt ist in der sowjetischen Industrie weder eine stärkere Konsumorientierung noch ein nachhaltiger Modernisierungsfortschritt eingetreten. Im positiven Sinne bemerkenswert ist dagegen, daß für

1987 zum erstenmal ein Rückgang der industriellen Beschäftigung berichtet wurde, der sich 1988 und 1989 fortsetzte. Positiv heißt hier ökonomisch positiv, denn soweit der Abbau industrieller Beschäftigung auf Entlassungen zurückzuführen ist, signalisiert er eine bestenfalls zwiespältig aufgenommene härtere Gangart in der sowjetischen Arbeitswelt.

Die Erzeugung der Landwirtschaft folgte dem bisherigen Trend stark schwankender Ergebnisse. Rasches Wachstum 1986 (+ 5,3 %) wurde 1987 von einem leichten Produktionsrückgang (– 0,6 %) und 1988 von einem bescheidenen Anstieg (+ 0,7 %) abgelöst. 1989 betrug das Wachstum der Agrarpolitik 1 %. Wieder höher als im Vorjahr fiel 1989 die Getreideernte aus (211,1 Mio. t gegenüber 195,0 Mio. t 1988). Auch 1990 hält diese Tendenz sowjetischen Berichten zufolge an, die Ernte konnte jedoch aus technischen und organisatorischen Gründen nicht voll eingebracht werden. Offensichtlich haben die aufs Ganze gesehen noch immer unbefriedigenden Ergebnisse der Landwirtschaft — insbesondere auf dem Hintergrund sprunghaft angestiegener Massenkaufkraft — zu mehr Bereitschaft geführt, endlich eine weitergehende Agrarreform in Angriff zu nehmen (Wädekin 1990). Zufriedenstellende Lösungen für den Ersatz oder auch nur die Ergänzung des alten Kolchos-Sowchos-Systems durch private oder im echten Sinne genossenschaftliche Wirtschaftsformen lassen jedoch noch auf sich warten.

Die Wachstumsprobleme der sowjetischen Wirtschaft wären weniger schwerwiegend, wenn man es geschafft hätte, der Verwirklichung anderer zentraler Ziele der sowjetischen Wirtschaftspolitik wie Produktivitätssteigerung, Qualitätsverbesserung und struktureller Modernisierung spürbar näherzukommen.

Die Überwindung qualitativer Wirtschaftsmängel durch Förderung von Effizienz, Innovation, Modernisierung und Qualität — kurz: durch umfassende „Intensivierung" der Produktionsprozesse — hatte innerhalb der Wirtschaftsprogrammatik Gorbatschows von Anfang an einen hohen Stellenwert. Geplante Fortschritte konnten jedoch bislang nicht annähernd erreicht werden. So ist neben dem Wachstumsproblem das Produktivitätsproblem zentraler Bestandteil der sowjetischen Wirtschaftskrise. Die Arbeitsproduktivität nahm nicht im angestrebten Tempo zu, und die Kapitalproduktivität verschlechterte sich weiter. Nach wie vor wird über unzureichende Produktqualität geklagt, die sich u. a. in anhaltender Exportschwäche bei Industrieerzeugnissen niederschlägt. Gering ist schließlich weiterhin das Tempo der technologischen Innovation in der sowjetischen Wirtschaft. So kam es nach übereinstimmender Einschätzung sowjetischer Fachwissenschaftler und Politiker nicht nur nicht zum angestrebten Aufholprozeß gegenüber dem Westen. Die technologische Lücke zwischen der UdSSR und den führenden westlichen Ländern nahm vielmehr weiter zu. Ebenso unbefriedigend ist der Stand der industriellen Modernisierung.

Tabelle 1

Wachstumsraten der sowjetischen Wirtschaft 1971-1990
(durchschnittliches jährliches Wachstum in %)

	1971-75	1976-80	1981-85	1986-89	1986-90 (Plan)[1]
Nationaleink. prod.	5,7	4,3	3,6	3,3	4,2
Nationaleink. verw.	5,1	3,9	3,2	3,2	4,1
Industrieproduktion	7,4	4,4	3,7	3,6	4,6
Agrarproduktion[2]	2,5	1,7	1,0	2,7	2,7
Investitionen	6,7	3,7	3,7	5,8	4,32
Kapitalstock	8,7	7,4	6,4	4,5	—
Beschäftigung[3]	2,5	1,9	0,9	0,1	—
Arbeitsproduktivität	4,5	3,3	3,1	3,5	4,2

[1] 12. Fünfjahresplan.
[2] Durchschnittswert im Vergleich zum vorhergehenden Fünfjahreszeitraum.
[3] Staatlicher Sektor.

Quellen: Statistische Jahrbücher, Plandokumente, Planerfüllungsberichte der UdSSR, eigene Schätzungen.

Tabelle 2

Alternative Angaben zum Wachstum der sowjetischen Wirtschaft
(durchschnittliches jährliches Wachstum in %)

	1971-75	1976-80	1981-85	1986-89
Offiziell: Nationaleink., prod.	5,7	4,3	3,3	3,8
CIA-Schätzungen: Bruttosozialprodukt	3,0	2,3	1,9	1,2
Chanin: Nationaleink., prod.	3,2	1,0	0,6	2,0[1]

[1] 1986-1987.

Quelle: Tabelle 1, Veröffentlichungen der CIA, Kommunist 17, 1988, S. 85.

Zu den aktuellen Schwierigkeiten, die zwar gleichfalls vor 1985 prinzipiell vorhanden waren, damals jedoch eine geringere Rolle spielten und erst in der Perestrojka voll zur Geltung kommen, gehören insbesondere:
— die Krise der Versorgung der Bevölkerung, die ihren Ausdruck in leeren Regalen, Schlangen vor den Läden, Hamsterkäufen, Rationierung und Formen direkter Zuteilung von Konsumgütern sowie Preissteigerungen (insbesondere, aber nicht nur, auf Kolchos- und Genossenschaftsmärkten) findet;
— die ausgeprägten monetären Ungleichgewichte wie die sich beschleunigende Inflation durch ein zunehmendes Auseinanderscheren der Angebots- und Nachfrageentwicklung auf Konsumgüter-, aber auch auf Produktionsmittelmärkten, wachsendes Defizit des Staatshaushalts (1989: 92 Mrd. Rbl, was ca. 20 % der Haushaltsausgaben und ca. 10 % des Bruttosozialprodukts entspricht) sowie zunehmende Hartwährungsverschuldung der UdSSR (Nettoverschuldung 1984 ca. 5 Mrd. US $, 1989 ca. 25 Mrd. US $);
— die sichtbar anwachsenden sozialen Probleme wie Tendenz zur Verarmung der Bevölkerung (etwa 20 % der sowjetischen Menschen sollen um die oder unter der „Armutsgrenze" von monatlich 75 Rbl pro Kopf leben), zunehmende Arbeitslosigkeit aufgrund beginnender Freisetzungen und struktureller Beschäftigungslosigkeit vor allem in Sowjetmittelasien und im Transkaukasus (s. unten) sowie gravierende Umweltschäden, die die Lebensbedingungen in vielen Gegenden der UdSSR stark beeinträchtigen.

Verbunden sind die genannten ungünstigen Prozesse mit zahlreichen Klagen über ein hohes Maß an Korruption und Wirtschaftskriminalität (etwa Präsidialratsmitglied Schatalin in Moscow News, 4/1990), so daß für die gegenwärtige Krise der sowjetischen Wirtschaft insgesamt die zusammenfassende Kennzeichnung „Krimstagflation" (Mischung aus Kriminalität, Stagnation und Inflation) wohl nicht unangebracht ist.

2. Ursachen der Wirtschaftskrise

Die chronischen Schwierigkeiten sind in erster Linie auf ein Zusammenwirken von Arbeitsweise und Funktionsmängeln des sowjetischen Wirtschaftssystems mit Zielstruktur sowie Praxis der sowjetischen Wirtschaftspolitik zurückzuführen. Was das Wirtschaftssystem der zentralen Planwirtschaft betrifft, so versagte es um so mehr, je weiter der sowjetische Industrialisierungsprozeß fortschritt, je komplizierter folglich Wirtschaftsstruktur sowie Planungsaufgabe wurden und je mehr die Knappheit der ökonomischen Ressourcen (Rohstoffe, Kapital und Arbeitskräfte) zunahm. Zuletzt war das „administrative Kommandosystem" — wie das traditionelle Planungssystem heute in der sowjetischen Kritik genannt wird — weder in der Lage, den Wirtschaftsprozeß im Sinne der Zielvorgaben der sowjetischen Führung zu steuern, noch die für jede Wirtschaftsordnung zentralen Aufgaben der Motivation, Koordinierung und Effizienzsteigerung auch nur mit annäherndem Erfolg zu lösen.

Was die Ziele der sowjetischen Wirtschaftspolitik betrifft, so führten die Vorgabe ehrgeiziger Wachstumsziele („Einholen und Überholen") und die Konzentration der Wirtschaftsressourcen auf Schwerpunktbereiche wie Schwer- und Rüstungsindustrie (der Anteil der sowjetischen Rüstungsausgaben am sowjetischen Sozialprodukt wurde von einem führenden sowjetischen Wirtschaftswissenschaftler kürzlich auf 20 -25 % geschätzt) nicht nur zu einer kaum mehr tragbaren Vernachlässigung des Konsumenten in der UdSSR, sondern auch zu einer sich jetzt als hartnäckige Aufschwungsbarriere erweisenden „Auszehrungsökonomie". So wurden wesentliche Sektoren der Infrastruktur der sowjetischen Wirtschaft (vor allem das Transportsystem) bis an den Rand des Zusammenbruchs belastet, die industriellen Produktionskapazitäten ohne rechtzeitigen Ersatz immer mehr verschlissen, Rohstoffe durch Raubbau und Unwirtschaftlichkeit verschwendet, und die Umwelt wurde massiv beeinträchtigt.

Für die aktuellen, in der Periode der Perestrojka entstandenen bzw. in Dimension und Effekten stark angewachsenen Krisenerscheinungen ist zunächst auf eine Reihe exogener Ursachen hinzuweisen wie rückläufige Deviseneinnahmen aus der Außenwirtschaft durch Verschlechterung der Terms of Trade aufgrund fallender Erdölpreise (dieser Trend kehrt sich gegenwärtig zwar um, doch gehen sowjetische Förderung und Exportmengen zurück) und Dollarkurse sowie Unfälle (Tschernobyl) und Naturkatastrophen (Erdbeben in Armenien).

Von größerer Bedeutung sind jedoch wirtschaftspolitische Fehlentscheidungen und Fehlentwicklungen aus der Periode der ökonomischen Neuorientierung unmittelbar nach 1985. Hierzu gehört vor allem das als Kern des 12. Fünfjahresplans konzipierte Investitions- bzw. Modernisierungsprogramm (Höhmann 1989 b). Zwar wurde die Investitionstätigkeit wie vorgesehen angekurbelt, doch folgte dem beschleunigten Investitionswachstum aus einer Reihe von Gründen kein entsprechender Ausbau der Produktionskapazitäten, so daß es im Ergebnis zu verstärkten strukturellen Disproportionen und spürbaren Inflationsimpulsen kam. Gleichfalls ungünstig wirkte die Antialkoholkampagne: Sie trug zur Demotivation der Bevölkerung bei, reduzierte die Angebotspalette bei Konsumgütern, führte zum Ausweichen auf selbstgebrannten Alkohol mit negativen Folgen für Zuckermarkt sowie Volksgesundheit und beeinträchtigte das Steueraufkommen.

Als weitere Krisenursache müssen die zunehmenden wirtschaftlichen Auswirkungen sozialer und ökonomischer Desintegration unterschiedlichen Typs genannt werden: zunehmend negative Konsequenzen der sich zuspitzenden Nationalitätenkonflikte, Streikfolgen, Wirtschaftskriminalität, Auswirkungen abnehmender Vertragsdisziplin der Betriebe, negative Effekte von Maßnahmen der Bürokratie mit Sabotagecharakter z.B. im Transportbereich. Gegenwärtig gehen Städte und Regionen dazu über, Konsumgüter nur noch an die eigenen Bürger abzugeben, und ganze Republiken verbieten die Lieferung defizitärer Waren an andere Teile der UdSSR (Weißenburger 1990).

Nicht zuletzt aber ist die bisherige ökonomische Reformpolitik mit ihren konzeptionellen Defiziten, Halbheiten und dem unbefriedigenden Stand ihrer Umsetzung in die Praxis zu einer wesentlichen Ursache für die gegenwärtigen Wirtschaftsprobleme der UdSSR geworden, zu deren Lösung sie ja eigentlich beitragen sollte (Götz-Coenenberg 1988, Höhmann 1989 b). Bei der Implementierung der Reformbeschlüsse von 1987 (Ergebnisse des Juni-Plenums des ZK der KPdSU, Betriebsgesetz) stellten sich bald die negativen Effekte der unüberbrückten Widersprüche zwischen den erweiterten Entscheidungsspielräumen der Betriebe (etwa im Bereich der Lohn-, Sortiments- und Preisgestaltung) auf der einen und der kaum veränderten zentralen Ebene (Planung, Produktionsmittelversorgung, Preis-, Bank- und Finanzsystem, ministerielle Verwaltungsstruktur) auf der anderen Seite ein. Es gelang bisher nicht, den alten Mechanismus der Planwirtschaft durch einen leistungsfähigen horizontalen Mechanismus zur Verbesserung der gesamtwirtschaftlichen Koordination und zur Steigerung der Effizienz zu ersetzen.

Einerseits wurden die Produktionsprogramme entgegen den Intentionen der Reform nach wie vor durch behördliche Anweisungen — jetzt in Form sog. „Staatsaufträge" — bestimmt. Statt vorgesehener 50 % erfaßten sie bereits im ersten Reformjahr (1988) 90-100 % des Erzeugungsvolumens. Dabei ist es bis heute im wesentlichen geblieben. Vor allem der Konsumbereich, für den das Reformkonzept bei Produktion und Verteilung den Übergang zu einer weitgehenden Steuerung über Marktprozesse vorgesehen hatte, blieb fest in der Hand der Behörden. Andererseits schwächte sich die zentrale administrative Kontrolle jedoch in starkem Maße ab. Mehr und mehr nahm die sowjetische Wirtschaft — so ein westlicher Beobachter — den Charakter einer „zentralen Planwirtschaft mit k. o.-geschlagenem Zentrum" an (The Wallstreet Journal, 7.12.1989). Nicht zuletzt nutzten die Betriebe die von der Reform gewährten Spielräume, um — orientiert an administrativ verzerrten Preisstrukturen — über Sortimentsverschiebungen zu besseren finanziellen Ergebnissen zu kommen. Folge waren weitere Verknappung billiger Produkte und rasches Ansteigen der Löhne, was neben den strukturellen Verzerrungen der sowjetischen Wirtschaft (d.h.

den schwer- und rüstungswirtschaftlichen Prioritäten) zur gegenwärtigen Inflation beitrug.

Im Prinzip ähnliche — wenn auch konkret jeweils auf eigene Weise ausgeprägte — Widersprüche gibt es in anderen Bereichen der sowjetischen Wirtschaftsreformpolitik, etwa bei der Außenwirtschaft oder im Sektor der neugeschaffenen, im Unterschied zu den Kolchosen und bisherigen Konsumgenossenschaften weitgehend planfreien genossenschaftlichen „Kooperativen". So litt die Außenwirtschaftsreform, die die Außenhandelsrechte der Betriebe erweitern, sie an Deviseneinnahmen beteiligen und auch durch „Joint Ventures" mit der Weltwirtschaft verbinden sollte (Machowski 1990), bald unter dem unzureichenden Stand der Gesamtreform. Anhaltende administrative Kontrolle über Produktionsentscheidungen und Devisenverwendung höhlte die gewährten Rechte der Betriebe aus, während die „Joint Ventures" unter unzureichendem Zugang zur sowjetischen Binnenwirtschaft (vor allem bei der Beschaffung von Produktionsmitteln) und unzureichenden Regelungen für das organisatorisch-juristische Umfeld litten (Meier 1989).

Die Möglichkeit, auf der Grundlage des Genossenschaftsgesetzes von 1988 kleinere und mittlere Betriebe quasi privater Natur zu gründen, sollte zur Überwindung von Angebotsdefiziten vor allem im Konsumbereich (aber auch bei Dienstleistungen für produktive Zwecke) beitragen (Seidenstecher 1989). Bald kam es jedoch zu Einschränkungen des gesetzlich gewährten Spielraums durch Verordnungen und bürokratische Eingriffe. Auch fehlt es offensichtlich an einer breiten Akzeptanz der Genossenschaften seitens der sowjetischen Bevölkerung, die insbesondere der Möglichkeit, in den quasi privaten Betrieben höhere Einkommen zu erzielen, mit Neid und Skepsis gegenübersteht. Der hier sichtbar werdende Widerspruch zwischen neuen, progressiven Formen ökonomischer Aktivität und der noch vorherrschenden russisch-sowjetischen ökonomischen Kultur stellt eines der Hauptprobleme der zukünftigen Reformpolitik in der UdSSR dar.

III. Zwischen Stabilisierung und Reform

1. Das Stabilisierungsprogramm der sowjetischen Regierung

Presse, Fernsehen, Erklärungen der Führung und Parlamentsdebatten unterstreichen sowohl das Ausmaß der gegenwärtigen Wirtschaftskrise als auch die intensive Suche nach Auswegen aus der derzeitigen Bedrängnis. Weitgehend einig ist man sich, daß sowohl mit einem Stabilisierungs- und Konsolidierungsprogramm gegen Inflation, Haushaltsdefizit und Versorgungskrise vorgegangen werden als auch der Prozeß der Wirtschaftsreformen beschleunigt und radikalisiert werden muß. So bilanzierte Gorbatschow Ende April 1990 in Swerdlowsk: „Wir sehen, daß sich die negativen Tendenzen nicht abschwächen, sondern verstärken. Wir müssen das, was wir für die Jahre 1992/93 geplant haben, jetzt durchdenken und einiges bereits in diesem Jahr tun. Der Übergang zur Marktwirtschaft muß bereits vom nächsten Jahr an erfolgen" (Gorbatschow 1990 c). Das Stabilisierungsprogramm war zentraler Bestandteil des vom Ministerpräsidenten am Jahresende 1989 vorgelegten Regierungsprogramms (Prawda, 14.12.1989). Angestrebt wird vor allem mehr Gleichgewicht auf den Konsumgütermärkten. Auf der Angebotsseite sind hierzu allgemeine Wachstumsreduzierungen, Kürzungen von Investitions- und Rüstungsausgaben, Umschichtungen innerhalb der Kapitalbildung zugunsten konsumnaher Bereiche, starke Beschleunigung der Konsumgüterproduktion (u. a. durch zügige „Konversion" bisheriger Rüstungskapazitäten) sowie eine Erweiterung von Konsumgüterimporten vorgesehen. Zur Begrenzung der Geldexpansion (Regulierung der monetären Nachfrage) sollen u. a. Haushaltsausgaben gekürzt, Haushaltseinnahmen erweitert, Anleihen ausgegeben, Wohnungen verkauft und — als weitere Inflationsbremse — eine progressive Steuer auf die Lohnzahlungen der Betriebe (Ausnahme: Konsumgütererzeugung!) erhoben werden.

Viele sowjetische Kommentatoren und westliche Beobachter zweifelten von Anfang an am Erfolg des Stabilisierungsprogramms, teilweise, weil sie die vorgesehenen Maßnahmen nicht für ausreichend hielten, um die bestehenden Ungleichgewichte abzubauen, teilweise, weil sie nicht mit ihrer Durchsetzbarkeit rechneten. So wurde einmal darauf hingewiesen, daß die angestrebte Änderung der Produktionsstruktur nicht durch ausreichende Finanz- und Materialressourcen abgesichert sei, zum anderen argumentierte man, daß das Programm mit seinem Kampagnecharakter genau dem diskreditierten „administrativen Kommandosystem" entspräche und insofern sehr wahrscheinlich das unbefriedigende Schicksal vieler ähnlicher Kampagnen der Vergangenheit zu teilen habe. Die Wirtschaftsentwicklung in den ersten Monaten des Jahres 1990 hat den Skeptikern recht gegeben: Die Wirtschaftsleistung geht weiter zurück, und das Tempo der Inflation nimmt zu. Die Notwendigkeit einer nunmehr endgültig tiefgreifenden Wende in der Wirtschaftspolitik wird anerkannt. Hierzu vor allem will Gorbatschow „von den Befugnissen des Präsidenten Gebrauch machen" (Gorbatschow 1990 a). Es scheint die in der sowjetischen Führung vorherrschende Einschätzung zu sein, daß eine über die bisherigen, im Resultat unbefriedigenden Maßnahmen hinausgehende Reform zwar nur in Verbindung mit einem Prozeß erfolgreicher Stabilisierung in Angriff genommen werden kann, daß die Stabilisierung andererseits aber nur im Zusammenwirken mit weitreichenden Reformen gelingen kann und der Reformprozeß folglich gleich zu Beginn des neuen Planjahrfünfts (1991) wieder intensiv vorangetrieben werden muß.

2. Neue Reformen: auf dem Wege zur Marktwirtschaft?

Tatsächlich mehrten sich seit Anfang 1989 die Anzeichen dafür, daß um ein neues Momentum für Wirtschaftsreformen gerungen wird. Eine besondere Rolle spielte dabei zunächst die Reformkommission des Ministerrats unter der Leitung von Leonid Abalkin, die ihre Arbeit im Sommer 1989 aufnahm. Neues Momentum bedeutete allerdings auch verschärfte Konflikte. So überraschte es nicht, daß sich der verstärkte Nachdruck in Richtung radikaler Wirtschaftsreformen mit der Formierung konservativer Gegenkräfte verband. Diese konnten sich — so zeigten insbesondere Verlauf und Ergebnis des 28. Parteitages der KPdSU (Anfang Juli 1990) — zwar nicht mit alternativen Konzeptionen durchsetzen, verfügen allerdings nach wie vor über ein erhebliches Brems- und Störpotential.

Eher impressionistisch kann zunächst auf folgende Entwicklungen im Sinne eines beschleunigten Reformtempos seit Anfang 1989 verwiesen werden:

— die spürbare Belebung der Reformdiskussion, nicht zuletzt durch eine Serie bemerkenswerter Konferenzen unter Mitwirkung von Wirtschaftswissenschaftlern, Wirtschaftspraktikern und Politikern;

— das Auftauchen von — jedenfalls im sowjetischen Kontext — neuen wirtschaftspolitischen Leitbegriffen in Erklärungen der Führung seit Sommer 1989 (etwa des bis dahin auf höchster politischer Ebene eher tabuisierten Begriffs „sozialistische Marktwirtschaft" oder gar „vollwertige Marktwirtschaft", wenn auch zunächst noch mit mancherlei konzeptioneller Unklarheit verbunden);

— die Veröffentlichung eines ersten, ausführlich dargelegten marktwirtschaftlich orientierten Reformkonzepts durch die Abalkin-Kommission im Oktober 1989;

— die Forderungen Gorbatschows auf der ersten Sitzung des neugeschaffenen „Präsidialrats" nach der Wahl zum Staatspräsidenten Ende März 1990, nunmehr einen „kontrollierten Übergang zur Marktbeziehungen" als Ziel der wirtschaftlichen Perestrojka anzustreben (Gorbatschow 1990 b), nachdem zuvor schon in der „Plattform des Zentralkomitees" für den 28. Parteitag der KPdSU eine „vollwertige Marktwirtschaft" verlangt worden war (Prawda, 13.2.1990), die freilich mit planwirtschaftlichen Elementen zu verbinden sei („Plan-Marktwirtschaft");

— das Vorbereiten und Einbringen eines Pakets von neuen Reformgesetzen in den parlamentarischen Prozeß des Obersten Sowjet, die teilweise inzwischen bereits verabschiedet sind (u. a. Gesetze über Eigentum, Grund und Boden, Pacht, die „Unternehmen in der UdSSR", Einkommensteuer, Aktiengesellschaften, Maßnahmen gegen Monopole und Wettbewerbsregelung, Preisbildung);

— das von Ministerpräsident Ryshkow auf der Grundlage des Abalkin-Entwurfs Ende Mai 1990 im Obersten Sowjet vorgestellte Konzept der „regulierten Marktwirtschaft", das zwar auf intensive Kritik stieß und im September 1990 in einer grundlegend revidierten Fassung neu vorgelegt werden soll, das jedoch deutlich macht, daß von der sowjetischen Regierung nun wirklich eine vom „administrativen Kommandosystem" wegführende ordnungspolitische Alternative angestrebt wird;

— schließlich das „Jelzin-Programm" zur Reform der sowjetischen Wirtschaft („Vertrauensmandat für 500 Tage"), das die radikalere politisch-ökonomische Willensbildung in der RSFSR zum Ausdruck bringt und sich sowohl in bezug auf die Reichweite der Reform als auch hinsichtlich des Transformationstempos und der einzuschlagenden politischen Strategie (Zusammenwirken zwischen Präsident der UdSSR und den Republiken, d. h. vor allem Bündnis Gorbatschow/Jelzin) vom Programm der Zentralregierung unterscheidet (Götz-Coenenberg 1990).

a) Von der technokratischen Modernisierung zur „radikalen" Reform

Das auf den Übergang zu einer Marktwirtschaft orientierte Reformprogramm von 1989/90 stellt den dritten Ansatz zur Neuprofilierung der sowjetischen Wirtschaftspolitik nach 1985 dar. Der erste Versuch zur wirtschaftspolitischen Neuorientierung in den Jahren 1985/86 war durch das Konzept einer technokratischen Modernisierung geprägt, die das zu Beginn der Ära Gorbatschow angestrebte Ziel der „Beschleunigung" (Uskorenie) vor allem mit struktur- und arbeitspolitischen Maßnahmen verwirklichen wollte. Der 12. Fünfjahresplan (1986-1990) war — wie aufgezeigt — durch rasches Investitionswachstum und anspruchsvolle Vorgaben für Modernisierung und Innovation bestimmt. Zwar gehörten zum wirtschaftspolitischen „policy mix" Gorbatschows von Anfang an auch Reformmaßnahmen, doch blieben diese zunächst im begrenzten Rahmen der aus der Vergangenheit bekannten Versuche, das sowjetische Planungssystem durch Teildezentralisierungen aufzulockern sowie durch neue Verfahren und Organisationsstrukturen zu rationalisieren (Höhmann 1986).

Spätestens 1987 zeigte sich, daß dieser erste Ansatz unzureichend war und der Korrektur bedurfte. So wurde einerseits das Programm der Wirtschaftssanierung durch politische Akzente (Glasnost, Demokratisierung) erweitert. Andererseits war deutlich geworden, daß Teilkorrekturen des Planungssystems für die angestrebte nachhaltige Verbesserung der ökonomischen Leistung nicht ausreichten. Durch die im Sommer 1987 beschlossene „radikale Umgestaltung der Wirtschaftsleitung" (Höhmann 1989 a) sollten viele der bisherigen Maßnahmen zusammengefaßt und zugleich weitergeführt werden. Ausgangspunkt der Reform war die veränderte Stellung des

Betriebes in der Gesamtwirtschaft. Unter Leitformeln wie „Selbständigkeit", „Selbstfinanzierung" und „Selbstverwaltung" sollten wesentliche Entscheidungsbefugnisse auf die Ebene der Betriebe verlagert werden. Ging das Konzept insofern auch über die bisherigen Reformen hinaus, so litt es doch von vornherein an seinem unvollständigen und widersprüchlichen Charakter. Es war auf die Ebene der Betriebe konzentriert, beschränkte sich auf Dezentralisierung, schloß Eigentumsreformen weitgehend aus und vernachlässigte nicht zuletzt die erforderlichen Regelungen für den überbetrieblichen Bereich, d. h. das funktionelle und institutionelle Umfeld der Betriebe. Zwar wurde etwa zeitgleich mit dem Betriebsgesetz eine Reihe von Reformdekreten für die Bereiche Planung, Materialversorgung, Preisbildung, Finanz-, Geld- und Kreditwesen erlassen. Doch blieben diese vage und mehrdeutig formuliert und wurden nicht in die Form präziser Gesetze gefaßt. Als man 1988 mit der Verwirklichung der Reform begann, machte sich ihr unvollständiger und widersprüchlicher Charakter bald bemerkbar, der, wie bereits aufgezeigt wurde, in immer stärkerem Maße zum wirtschaftlichen Niedergang der UdSSR beitrug.

b) Die „marktwirtschaftliche Wende"

Die sich seit 1988 drastisch verschlechternde Wirtschaftslage intensivierte die Suche nach einem neuen Konzept für Stabilisierung und Reform, dem nunmehr dritten Ansatz zur wirtschaftspolitischen Neuorientierung unter dem Vorzeichen eines Übergangs zur Marktwirtschaft. Hinzuweisen ist sowohl auf die Programme der sowjetischen Zentralregierung unter Ministerpräsident Ryshkow seit Herbst 1989 (Abalkin-Projekt, „Regulierte Marktwirtschaft") als auch auf die intensiven Reformbemühungen in den Unionsrepubliken, vor allem in der RSFSR nach dem Amtsantritt des Präsidenten Jelzin. Durch das Zusammengehen von Gorbatschow und Jelzin in der Reformfrage und die Einsetzung einer Projektgruppe unter Leitung St. Schatalins zur Erarbeitung eines tragfähigen marktwirtschaftlichen Reformkonzepts erhält der Umbau des sowjetischen Wirtschaftssystems gegenwärtig eine neue Dynamik.

Die bisher vorgelegten, von verschiedenen Verfassern und Autorengruppen ausgearbeiteten Konzepte stimmen in einer Anzahl von Grundelementen überein. Hierzu gehören insbesondere:

— Abbau des bisherigen Systems politisch-bürokratischer Planung und Schaffung von Güter-, Kapital- und Arbeitsmärkten zur horizontalen Koordinierung der Wirtschaftsprozesse;

— Reform der Preise und der Preisbildungsmechanismen zur Gewährleistung ökonomisch sinnvoller Informationen für marktwirtschaftliche Entscheidungen;

— Schaffung autonomer Unternehmen durch Rechts- und Eigentumsreformen, Reprivatisierung zumindest eines Teils des bisherigen Staatseigentums sowie Herstellung von Wettbewerb durch Entflechtung sozialistischer Großbetriebe, durch freien Markteintritt und Konkurs;
— Schaffung eines zur Marktwirtschaft passenden Steuer-, Geld- und Kreditsystems, Haushaltssanierung und Subventionsabbau (mit allen in Kauf zu nehmenden Konsequenzen für die betroffenen Bevölkerungsgruppen), Umstellung der staatlichen Wirtschaftspolitik auf indirekte Methoden der monetären Lenkung;
— Entwicklung eines Netzes sozialpolitischer Maßnahmen, insbesondere zum Auffangen der mit dem Übergang zur Marktwirtschaft unvermeidlich verbundenen Arbeitslosigkeit,
— und schließlich Absicherung der Reformdynamik durch Öffnung zum Weltmarkt, verbunden mit Handelsexpansion, Beteiligung an internationalen Wirtschaftsinstitutionen und Übergang zur Konvertibilität der nationalen Währungen.

Trotz vieler Übereinstimmungen zeigen sich beim Vergleich des Schatalin-Programms mit den ursprünglich auf Abalkins Vorschläge zurückgehenden Projekten der sowjetischen Regierung aber auch signifikante Unterschiede in dreierlei Hinsicht:

Inhaltlich gehen die zunächst in der RSFSR entwickelten, dann von St. Schatalin und seiner Gruppe (Schatalin ist ein prominenter sowjetischer Wirtschaftswissenschaftler und Mitglied von Gorbatschows Präsidialrat) übernommenen Vorstellungen insbesondere dadurch weiter (Sieburger 1990), daß Markt und Unternehmensautonomie (Gewerbefreiheit) gegenüber staatlicher Regulierung eindeutig im Vordergrund stehen, daß insbesondere entschiedenere Reformen der bisherigen Eigentumsverfassung in Richtung Privatisierung von Produktionsmitteln einschließlich Grund und Boden gefordert werden und daß die notwendige Verbindung von Übergang zur Marktwirtschaft und tiefgreifendem Strukturwandel im Sinne eines Abbaus bisheriger schwer- und rüstungswirtschaftlicher Prioritäten klar hervorgehoben wird.

Was Zeithorizont und Rhythmus des Transformationsverlaufs betrifft, so wird dem auf mehr als fünf Jahre angelegten Gradualismus des Regierungsprogramms ein gerraffter, schockartiger Prozeß institutionellen Wandels gegenübergestellt („500 Tage"), mit dem die zu erwartenden, negativen Effekte eines längerfristigen Systemumbaus vermieden werden sollen. Vergegenwärtigt man sich allerdings Umfang und Komplexität der im Schatalin-Programm vorgesehenen Maßnahmen, so ist erkennbar, daß der dafür erforderliche Zeitbedarf eindeutig unterschätzt wird. Sowohl der institutionelle Umbau als auch der für dringend notwendig erachtete wirtschaftsstrukturelle Wandel sind in einem Zeitraum von eineinhalb Jahren auch nicht annähernd zu erreichen.

Schließlich unterscheidet sich das Schatalin-Programm noch durch einen anderen politischen Ansatz vom Vorgehen der Regierung. Während diese von der Zuständigkeit der Unionsregierung ausgeht, laufen die Bemühungen der RSFSR darauf hinaus, notfalls auch auf eigene Faust in der russischen Republik — an den politischen Organen der Union vorbei — Reformpolitik zu betreiben.

c) Perspektiven und Probleme

Gorbatschows strategisch sinnvolles und taktisch kluges Zusammengehen mit Jelzin — ein freilich labiles Bündnis, gefährdet insbesondere durch Auseinandersetzungen über das Nutzungsrecht an den natürlichen Ressourcen Rußlands — zeigt sowohl das Bemühen des Präsidenten, politisch für die gesamte UdSSR handlungsfähig zu bleiben, als auch seinen Realismus in der Einschätzung von zwei nicht aufzuhaltenden politischen Prozessen: dem Ende des bestimmenden Einflusses der KPdSU (Gorbatschows Arrangement mit Jelzin kam kurz nach dessen Parteiaustritt zustande) und dem Auflösungsprozeß der Sowjetunion als dem vom Moskauer Zentrum aus regierten Zentralstaat. Auch in Anbetracht der auf Unionsebene wohl besonders verkrusteten administrativen Apparate scheint Gorbatschow zunehmend auf die von den Republiken ausgehende Dynamik zu setzen, möglicherweise in der Hoffnung, daß auf nationaler Selbständigkeit basierende, marktwirtschaftliche Reformen längerfristig zu einem intensiven Interesse der Einzelrepubliken an der Aufrechterhaltung unionsweiter wirtschaftlicher Arbeitsteilung bzw. an der Wiederherstellung abgerissener Wirtschaftsbeziehungen führen. Hierdurch bestünde auch die Chance, zu einer tragfähigen Basis für eine Neuordnung der Union in Form einer Konföderation mit Aussicht auf Bestand zu gelangen.

In den kommenden Wochen wird deutlich werden, wie Gorbatschow die ihm vom Obersten Sowjet Ende September erteilten Vollmachten nutzen kann und welchen Kurs die Reformpolitik in der UdSSR einschlägt. Vermutlich gibt es zur gegenwärtigen Radikalisierung der Entwicklung in Richtung Marktwirtschaft keine Alternative mehr. Der Prozeß des systempolitischen Umbaus wird sich jedoch mit einer tiefen und anhaltenden Wirtschaftskrise verbinden, birgt politische Risiken wie zwar unwahrscheinliche, jedoch nicht völlig auszuschließende Putschversuche und Ausbrüche interregionaler Gewalt in sich und dürfte allenfalls auf lange Frist zur angestrebten ökonomischen Konsolidierung führen.

Wie gewaltig die noch zu leistende Aufgabe der Transformation hin zur Marktwirtschaft ist, zeigt eine Analyse des gegenwärtigen Stands des sowjetischen Systemumbaus (Höhmann 1990 a). Konzepte werden zwar entwickelt, doch gibt es immer noch Defizite an Problembewußtsein, etwa in bezug auf Eigentumsordnung und Rolle staatlicher Wirtschaftspolitik. Außerdem produziert der gegenwärtige Reformprozeß alternative Vorstellungen, die die Entscheidungssituation komplizieren und angesichts der von Gorbatschow verordneten Suche nach dem „Einheitsmodell" nicht unbedingt sinnvoll zu kombinieren sind. Auf der Ebene der erforderlichen Gesetzgebung gibt es einerseits Fortschritte, doch ist fraglich, ob inzwischen vorliegende Reformgesetze (wie z. B. das Boden-, das Eigentums- und das Unternehmensgesetz) den radikaler gewordenen Grundkonzepten noch entsprechen. Hinzu kommen die fehlende gesetzestechnische Erfahrung und die Notwendigkeit, die Bearbeitung von Gesetzesvorhaben eben jener Bürokratie zu übertragen, die durch Reform in ihrer Funktion entscheidend beschnitten werden soll. Die Implementierung von Reformmaßnahmen leidet unter dem Kompetenzverfall der zentralen Führung (verbunden u. a. mit der Notwendigkeit zu Koalitionen mit wechselnden politischen Kräften), unter den zuvor erwähnten Reformwiderständen der Bürokratie und unter der krisenhaften Wirtschaftslage, die zu administrativer und damit reformwidriger Stabilisierung einlädt. Schließlich birgt auch die schwach entwickelte „Marktkultur" (Schatalin), der tiefverwurzelte Widerspruch zwischen einem neuen, leistungsfordernden Wirtschaftssystem und einer aus Tradition und ideologischer Prägung resultierenden, eher leistungsfeindlichen Wirtschaftsgesinnung die Gefahr eines Scheiterns in sich.

So groß allerdings die erörterten Schwierigkeiten auch sind: zum Übergang zur Marktwirtschaft gibt es keine Alternative. Zu den Gründen hierfür gehört, daß die bisherige administrative Planwirtschaft als System zur Gewährleistung von ökonomischer Modernisierung, Wohlstandsvermehrung und nicht zuletzt Deckung der chronisch vernachlässigten Konsumentenbedürfnisse endgültig abgewirtschaftet hat. Dazu gehört weiter, daß die politische Entwicklung in der UdSSR — keineswegs konfliktfrei und gradlinig zwar, im Prinzip jedoch eindeutig — auf Demokratie und gesellschaftlichen Pluralismus hinausläuft und damit gleichfalls unvereinbar mit der Aufrechterhaltung autoritärer Planung ist. Auch der unaufhaltsame Zerfall des Zentralstaats UdSSR macht die administrative, von Moskau ausgehende und für alle Sowjetrepubliken verbindliche Planung alten Stils zunehmend obsolet, und das Ausschöpfen von Vorteilen interregionaler Arbeitsteilung wird immer mehr von der Entwicklung leistungsfähiger Marktmechanismen abhängig. Schließlich ist die angestrebte und ökonomisch auch dringend erforderliche weltwirtschaftliche Öffnung der UdSSR bzw. ihrer einzelnen Republiken nur in Verbindung mit einem Systemwechsel hin zur Marktwirtschaft möglich.

Die westlichen Industrieländer sollten sich im wohlverstandenen Selbstinteresse der Aufgabe stellen, den schwierigen und krisenhaften Transformationsprozeß in der UdSSR als „Reformpartner" zu begleiten. Dabei kommt es nicht auf Hilfe in den Dimensionen eines umfangreichen Marshallplans an. Dies verbietet allein die Größenordnung des erforderlichen Finanzbedarfs. Sinnvoll aber ist eine kooperationspolitische Konzeption, die gezielte und infrastrukturell zu bewältigende Hilfe in konkreten Fällen (etwa medizinische Versorgung) mit der Bereitschaft zum Aufbau intensiver Wirtschaftsbeziehungen, vielschichtiger technischer Hilfe (von der Lösung operativer Detailfragen bis zur Erarbeitung systempolitischen Know-hows) sowie adäquaten Angeboten organisatorischer Beteiligung der UdSSR an Institutionen ökonomischer Zusammenarbeit und weltwirtschaftlicher Integration verbindet. Schließlich hat die Politik des Westens davon auszugehen, daß nur die im Zuge eines umfassenden und langfristig angelegten Entspannungs- und Abrüstungsprozesses mögliche „Zivilisierung" der sowjetischen Wirtschaft ökonomische Ressourcen für andere Zwecke freisetzen und Spielraum für Systemreformen schaffen kann (Höhmann 1990 b).

Literaturverzeichnis

Götz-Coenenberg, R. (1988): Wirtschaftslage und Umgestaltung des Wirtschaftssystems in der UdSSR, Berichte des Bundesinstituts für ostwissenschaftliche und internationale Studien, Köln, 22/1988. — *Götz-Coenenberg*, R. / *Höhmann*, H.-H. / *Seidenstecher*, G.(1988): Sowjetunion, in: H.-H. Höhmann / G. Seidenstecher (Hrsg.), Die Wirtschaft Osteuropas und der VR China 1980-1990. Bilanz und Perspektiven, Hamburg 1988, S. 13-82. — *Gorbatschow*, M. S. (1990 a): Antrittsrede des Präsidenten der UdSSR, deutscher Text in: Sowjetunion heute, 4/1990, S. I-VI. — *Gorbatschow*, M. S. (1990b): Auf dem Wege entschlossener Umgestaltungen, Rede auf der ersten Sitzung des Präsidialrates der UdSSR, 27.3.1990, deutscher Text in: Sowjetunion heute, 4/1990, S. VII-X. — *Gorbatschow*, M. S. (1990 c): Rede Gorbatschows in Swerdlowsk am 26.4.1990, deutscher Text auszugsweise in: Ostinformationen, Bonn, 81/1990. — *Halbach*, U. (1990): Brisanz der Nationalitätenfrage, in: H. Adomeit / H.-H. Höhmann / G. Wagenlehner (Hrsg.), Die Sowjetunion unter Gorbatschow, Stuttgart, S. 238-260. — *Höhmann*, H.-H. (1986): Strukturen, Probleme und Perspektiven sowjetischer Wirtschaftspolitik nach dem XXVII. Parteitag der KPdSU, Berichte des Bundesinstituts für ostwissenschaftliche und internationale Studien, Köln, 22/1986. — *Höhmann*, H.-H. (1989 a): Zur Interdependenz und Interaktion von wirtschaftlicher und politischer Reform in der sowjetischen Perestrojka, Berichte des Bundesinstituts für ostwissenschaftliche und internationale Studien, Köln, 23/1989. — *Höhmann*, H.-H. (1989 b): Ursachen, Konzepte und Perspektiven sowjetischer Wirtschaftsreformen in der Perestrojka, in: M. Breitschwerdt (Hrsg.), Eine Chance für Gorbatschow, Augsburg 1989, S. 41-57. — *Höhmann*, H.-H. (1990 a): Chancen für die „regulierte Marktwirtschaft"? Politischer Umbruch, Wirtschaftskrise und systempolitische Neuorientierung in der UdSSR, Berichte des Bundesinstituts für ostwissenschaftliche und internationale Studien, Köln, 46/1990. — *Höhmann*, H.-H. (1990 b): Sowjetische Verteidigungswirtschaft und Perestrojka. Prioritätsstruktur und „radikale Reform" im Konflikt, in: C. Davis / H.-H. Höhmann / H.-H. Schröder (Hrsg.), Rüstung, Modernisierung, Reform. Die sowjetische Verteidigungswirtschaft in der Perestrojka, Köln 1990, S. 96-107. — *Knabe*, B. (1989): Die Streiks der sowjetischen Bergleute und Gorbatschows Perestrojka, Teil I und II, Aktuelle Analysen des Bundesinstituts für ostwissenschaftliche und internationale Studien, Köln, 37/38/1989. — *Machowski*, H. (1990): Die neue sowjetische Außenwirtschaftspolitik, in: H. Adomeit / H.-H. Höhmann / G. Wagenlehner (Hrsg.), a.a.O., S. 238-260. — *Meier*, C. (1989): Sowjetische Joint Ventures mit westlichen Partnern 1987-1989: Eine problemorientierte Zwischenbilanz, Berichte des Bundesinstituts für ostwissenschaftliche und internationale Studien, Köln, 71/1989. — *Saslavskaja*, T. (1989): Die Gorbatschow-Strategie. Wirtschafts- und Sozialpolitik in der UdSSR, Wien. — *Seidenstecher*, G. (1989): Gewerbegenossenschaften und individuelle Erwerbstätigkeit: Ein Ausweg aus der Versorgungskrise?, in: Sowjetunion 1988/89. Perestrojka in der Krise?, hrsg. vom Bundesinstitut für ostwissenschaftliche und internationale Studien, München, S. 173-183. — *Sieburger*, M. (1990): Manifest für Freiheit und Marktwirtschaft in der UdSSR, Gelesen, kommentiert ... des Bundesinstituts für ostwissenschaftliche und internationale Studien, Köln 13/1990. — *Wädekin*, K.-E. (1990): Alte und neue Elemente in Gorbatschows Agrarpolitik, in: H. Adomeit / H.-H. Höhmann / G. Wagenlehner (Hrsg.), a.a.O., S. 206-237. — *Weißenburger*, U. (1990): Sowjetunion: Wirtschaftskrise verstärkt Desintegration, Wochenbericht des DIW, 34/1990.

VON DER „SOZIALISTISCHEN GESETZLICHKEIT" ZUM „SOZIALISTISCHEN RECHTSSTAAT"

Anmerkungen zur aktuellen Rechtsentwicklung in der Sowjetunion

Von Georg Brunner

I.

„Die Tatsache, daß die bürgerlichen Theorien ein zählebiges und relativ geschlossenes Theoriegefüge darstellen, ist Ausdruck des typisch bürgerlichen Rechtsdenkens, das alle gesellschaftlichen Verhältnisse auf die Form der Rechtsnorm und jeden gesellschaftlichen Konflikt auf gerichtliche Verfahrensregeln bezieht.... Die bürgerliche Rechtsstaatsdemagogie findet in der Justiz ihre Institutionalisierung und im Richter ihre Personifizierung. ... Bürgerliche Justizorgane sind ihrem Wesen nach in letzter Konsequenz Repressivorgane, die die kapitalistische Produktionsweise zu erhalten und den Bestand des bürgerlichen Staates zu sichern haben." — Diese erhellenden Sätze stammen aus der Feder von Professor Roland Meister und befinden sich auf Seite 115 und 116 der 1986 erschienenen zweiten Auflage des für die Jurastudenten der DDR bestimmten offiziellen Lehrbuchs „Staatsrecht bürgerlicher Staaten".

„Es geht um einen sozialistischen Rechtsstaat, der von den Grund- und Menschenrechten ausgeht und die Gesellschaft durchgehend auf der Grundlage des Rechts organisiert. Recht und Gesetz sind das Maß des politischen Handelns der SED. ... Besonderes Gewicht erhält die strikte Wahrung der Unabhängigkeit des Richters..." — So heißt es wiederum im „Aktionsprogramm der SED", das deren Zentralkomitee am 10. November 1989 beschlossen hat (Neues Deutschland vom 11.11.1989).

Für Wendehälse aller Art dürfte es eine vorzügliche Übung sein, beide Texte in rascher Folge hintereinander zu lesen, ohne sich dabei das Genick zu brechen. Allerdings scheint die seitherige revolutionäre Entwicklung in der DDR den prophylaktischen Wert dieser Empfehlung herabzusetzen: Sie werden sich das Genick brechen!

Das Verhängnis nahm im Winter 1987/88 seinen Anfang, als in der Sowjetunion der zuvor verpönte Rechtsstaatsbegriff wieder salonfähig wurde. Mit dem Adjektiv „sozialistisch" verziert, tauchte er in einer durch „Glasnost" erwärmten Atmosphäre wie Phönix aus der Asche zunächst in rechtswissenschaftlichen Schriften und bald darauf in der öffentlichen Diskussion auf, um den bis dahin geheiligten, weil auf Lenin zurückgehenden Begriff der „sozialistischen Gesetzlichkeit" in den Schatten zu stellen. Schon nach einem halben Jahr erreichte der Höhenflug die Stratosphäre parteioffizieller Programmatik, als das Zentralkomitee der KPdSU unter Punkt 8 seiner zur Vorbereitung der bevorstehenden 19. Parteikonferenz am 23. Mai 1988 angenommenen „Thesen" zur Erkenntnis gelangte, daß im Zuge der fortgesetzten Demokratisierung der sowjetischen Gesellschaft „die Errichtung des sozialistischen Rechtsstaats als der Organisations- und Funktionsform der politischen Macht" vollendet werden müsse (Pravda vom 27.5.1988). Die Ende Juni 1988 zusammengetretene Parteikonferenz griff diese These auf und proklamierte in ihren am 1. Juli beschlossenen Resolutionen „über die Demokratisierung der sowjetischen Gesellschaft und die Reform des politischen Systems" (Ziff. 4) und „über die Rechtsreform" (Ziff. 1) den „sozialistischen Rechtsstaat" zur zentralen Zielvorstellung der geplanten Reformen (Pravda vom 5.7.1988).

Teils aus Neigung, teils der Not gehorchend wurde in der Folgezeit die neue Vokabel von den osteuropäischen Staaten des sowjetischen Hegemonialbereichs übernommen. In Ungarn und Polen, wo die politische Entwicklung bereits seit geraumer Zeit weit über die von Gorbatschow ins Auge gefaßten Reformen hinausgegangen war, war man über die sowjetische Schützenhilfe froh und vergaß in der Freude alsbald das Adjektiv „sozialistisch". Das mit der Verfassungsreform vom 18. Oktober 1989 aus „Volksrepublik" in „Republik" verwandelte Ungarn bezeichnet sich nunmehr in § 2 Abs. 1 ihrer total revidierten Verfassung als einen „unabhängigen, demokratischen Rechtsstaat, in dem die Werte der bürgerlichen Demokratie und des demokratischen Sozialismus gleichermaßen zur Geltung kommen". Beide ostmitteleuropäischen Länder haben keinen Zweifel daran gelassen, daß sie den klassischen Rechtsstaat westeuropäischer Tradition anstreben — und weitgehend auch verwirklicht haben. Die kommunistischen Parteiführungen in der DDR und der Tschechoslowakei glaubten zunächst, es bei leichteren kosmetischen Operationen bewenden lassen zu können, und benutzten die ungeliebte Formel vom „sozialistischen Rechtsstaat" als neue Kennzeichnung der alten Verhältnisse. Wie wir es erst seit kurzem wissen, ist die Taktik fehlgeschlagen. Seit November 1989 ist die kommunistische Einparteidiktatur im Begriff, im Strudel einer demokratischen Revolution unterzugehen. In Anbetracht der rechtsstaatlichen Traditionen dieser beiden mitteleuropäischen Länder kann es auch hier keinem vernünftigen Zweifel unterliegen, daß aus den Wirren der Gegenwart — sollte die Entwicklung weiterhin endogen verlaufen — der uns geläufige soziale Rechtsstaat westlichen Zuschnitts hervorgehen wird. Weit offener und ungewisser ist die Zukunft in Bulgarien, wo Partei- und Staatschef Živkov mit dem „sozialistischen Rechtsstaat" große Geschäftigkeit und kleine Reförmchen zu verknüpfen bestrebt war. Die Nemesis hat ihn am 10. November 1989 ereilt, doch die Begleitumstände des Führungswechsels wie auch die schwachen Ansätze einer rechtsstaatlichen Tradition pflastern den Weg in die Zukunft mit Fragezeichen. Ebenfalls offen ist die rechtsstaatliche Zukunft Rumäniens nach dem weihnachtlichen Tyrannenmord, der einer auch im regionalen Maßstab einzigartigen autokratischen Gewaltherrschaft ein Ende bereitet und dem leidgeprüften rumänischen Volk den Weg zur Selbstbestimmung eröffnet hat.

Diese skizzenhaften Bemerkungen zur Lage in den einzelnen Ländern des (ehemaligen?) sowjetischen Hegemonialbereichs mögen die Tatsache verdeutlichen, daß jedes Land sein eigenes nationales Profil hat und ein zeitlich bemessener Vortrag, der die rechtsstaatlichen Entwicklungsperspektiven in ganz Osteuropa behandeln wollte, den gebotenen Differenzierungen nicht Rechnung tragen könnte. Aus diesem Grunde sei es mir gestattet, mich im folgenden auf ein Land zu konzentrieren: die Sowjetunion. Die Wahl ist nicht nur wegen ihrer Größe auf die Supermacht Sowjetunion gefallen, sondern auch wegen des besonderen Interesses, das dieser Fall gerade unter rechtsstaatlichen Gesichtspunkten verdient. Denn jedenfalls im russischen Kernland dieses Vielvölkerstaates und erst recht in den islamischen Gebieten Zentralasiens hat das Gedankengut der westeuropäischen Aufklärung niemals Wurzeln schlagen können, so daß rechtsstaatliche Reformen in einem gesellschaftlich-politischen Milieu ohne nennenswerte rechtsstaatliche Traditionen durchgesetzt werden müssen.

II.

Bevor ich auf die jüngere sowjetische Entwicklung eingehe, seien zwei Vorbemerkungen gestattet.

Die eine betrifft die „*sozialistische Gesetzlichkeit*", die der Entwicklung zum „sozialistischen Rechtsstaat" als Ausgangspunkt dient. Auch hierzu ein Zitat: „Die sozialistische Gesetzlichkeit bindet alle Bürger, alle Staatsorgane, alle Staatsfunktionäre, Organisationen und sonstigen Einrichtungen an das Recht des sozialistischen Staates, sie macht allen die strikte Beachtung der sozialistischen Rechtsordnung zur Pflicht. Das gilt sowohl für den Erlaß als auch für die Anwendung, Realisierung und Befolgung des Rechts. ... Weil die sozialistische Gesetzlichkeit in ihrem Wesen nur von den objektiven sozialen Gesetzmäßigkeiten her bestimmt werden kann, ist sie stets von den in den Parteibeschlüssen enthaltenen gesellschaftlichen Zielsetzungen her zu begreifen. ... Parteilichkeit und Gesetzlichkeit stehen nicht in einem alternativen oder einander ergänzenden Verhältnis zueinander. Die sozialistische Gesetzlichkeit ist Ausdruck der Parteilichkeit." Dieses Zitat stammt aus dem offiziellen DDR-Lehrbuch „Marxistisch-leninistische Staats- und Rechtstheorie" (3. Aufl., 1980, S. 426), und ich muß zugeben, daß seine Verwendung insofern nicht ganz fair ist, als derartige Formulierungen in sowjetischen Lehrbüchern schon seit längerer Zeit nicht mehr zu finden sind. Ich habe es aber deshalb ausgewählt, weil in ihm die überkommene Substanz der „„sozialistischen Gesetzlichkeit" deutlicher zum Ausdruck kommt als in dem aufgeklärteren sowjetischen Schrifttum. Sie besteht auf den ersten Blick in der Rechtsbindung, die aber sogleich unter den Vorbehalt der parteibestimmten politischen Zweckmäßigkeit (Parteilichkeit) gestellt wird. Dies bedeutet, daß oberster Maßstab für Rechtsetzung und Rechtsanwendung die politische Zweckmäßigkeit ist, daß das Recht nur insofern gilt, als es mit der jeweils aktuellen Politik der kommunistischen Partei übereinstimmt. Im Verhältnis zum Recht gebührt der Politik der Primat. Folglich ist die „sozialistische Gesetzlichkeit" das genaue Gegenteil der Rechtsstaatlichkeit. Die konkreten Auswirkungen der sich daraus ergebenden begrenzten Normativität des Rechts sind freilich komplizierter, als es dieser allgemeine Obersatz ahnen läßt, aber für weitere Differenzierungen ist an dieser Stelle kein Raum.

Die zweite Bemerkung ist eine *methodologische*, deren Beachtung auch bei der Lektüre der zahlreichen Zeitungsberichte über die Lage in der Sowjetunion empfehlenswert ist, will man Mißverständnisse vermeiden. Es scheint mir dringend notwendig zu sein, vier Ebenen der Analyse sorgfältig auseinanderzuhalten: 1. die Diskussionsebene: Was wird in rechtswissenschaftlichen Fachkreisen oder gar in der breiten Öffentlichkeit (Massenmedien) diskutiert? 2. die rechtsprogrammatische Ebene: Was ist in Gestalt von Parteibeschlüssen oder staatlichen Gesetzgebungsplänen Inhalt der offiziellen Rechtspolitik geworden? 3. die normative Ebene: Was ist infolge gesetzgeberischer Umsetzung geltendes Recht geworden? 4. die rechtstatsächliche Ebene: Wie sieht die Rechtswirklichkeit aus? Es wäre natürlich allzu scholastisch und deshalb etwas ermüdend, würde ich diese vier Fragen der Reihe nach abhandeln. Die geschlossene Abhandlung der einzelnen Sachprobleme ist sicherlich ergiebiger, doch bitte ich darauf zu achten, auf welcher analytischen Ebene ich meine jeweilige Aussage treffe.

III.

Der Zentralbegriff der gegenwärtigen sowjetischen Rechtsstaatsdiskussion und -programmatik ist die *Suprematie der Gesetze* (verchovenstvo zakonov). Sie ist die Quelle zahlreicher Einzelableitungen, die ich der Übersichtlichkeit halber in zehn Punkten zusammenfassen möchte.

1. Beachtung der Gesetze

Die Suprematie der Gesetze beinhaltet zunächst ganz primitiv die Forderung, daß die existierenden Gesetze zur Kenntnis genommen und beachtet werden. Dies ist keineswegs eine Selbstverständlichkeit und hat auch nichts mit dem politischen System der kommunistischen Einparteidiktatur zu tun. Es geht vorerst um die Beendigung einer ganz unpolitisch verstandenen Verwaltungs- und Justizwillkür. Ein Beispiel aus der reichhaltigen Chronique scandaleuse der Sowjetjustiz mag das Gemeinte verdeutlichen: die sog. „Vitebsk-Affäre", die den sowjetischen Journalismus ausgiebig beschäftigt hat. Im weißrussischen Gebiet Vitebsk, wo einst Chagall geboren war, wurden im Verlaufe der letzten 15 Jahre zahlreiche Frauen auf mysteriöse Weise ermordet. Polizei und Staatsanwaltschaft vermochten die Morde nicht aufzuklären und wandten deshalb eine sehr einfache Methode an, um die unerträgliche Statistik unaufgeklärter Kapitalverbrechen aus der Welt zu schaffen. Es wurden im Laufe der Zeit 14 unschuldige Männer eingefangen und aufgrund falscher Anklagen als Mörder verurteilt, wobei die Geständnisse zum Teil durch Folter erpreßt wurden. Einer wurde zum Tode verurteilt und hingerichtet, ein anderer verbrachte zehn Jahre im Gefängnis, ein dritter erblindete im Arbeitslager, weil ihm die notwendige ärztliche Betreuung vorenthalten wurde, und ein vierter versuchte, im Strafvollzug Selbstmord zu begehen. Über das Schicksal der zehn anderen Verurteilten hat die sowjetische Presse nichts berichtet. Der wahre Täter konnte erst 1986 gefaßt werden. Er gestand, insgesamt 33 Frauen umgebracht zu haben, und wurde im Mai 1987 vom Obersten Gericht der UdSSR zum Tode verurteilt und anschließend erschossen. Seither werden die schuldigen Justizfunktionäre zur Verantwortung gezogen. Es handelt sich hier beileibe nicht um einen Einzelfall, sondern um einen symptomatischen Ausdruck des fachlichen und moralischen Standards der Sowjetjustiz — und zwar jenseits aller politischen Gesichtspunkte. Ähnliches gilt für die zahlreichen Korruptionsaffären, in die hohe und höchste Partei- und Staatsfunktionäre verwickelt sind und die große Publizität genießen.

2. Vorrang des Gesetzes

Unter der Suprematie wird natürlich auch der Vorrang des Gesetzes gegenüber allen untergesetzlichen Normen verstanden. Theoretisch war dies auch zuvor nicht bestritten, hat doch die sowjetische Rechtsordnung schon immer eine formelle Normenhierarchie mit dem Geltungsvorrang der jeweils höheren Norm gekannt. Nur stand diese Normenhierarchie im Rechtsalltag nicht auf der Basis, sondern auf der Spitze. Nach der überkommenen Praxis wird das Verhalten der sowjetischen Rechtsanwendungsorgane in erster Linie durch Verwaltungsvorschriften und Rechtsverordnungen bestimmt, zumal wenn sie unveröffentlicht sind; die Gesetze werden beiläufig berücksichtigt, und die Verfassung wird nicht einmal in der höchstrichterlichen Rechtsprechung eines entscheidungserheblichen Blickes gewürdigt. Dies soll im „sozialistischen Rechtsstaat" künftig anders werden, der folglich auch ein Verfassungsstaat werden soll.

Allerdings stößt das begrüßenswerte Vorhaben auf erhebliche praktische Schwierigkeiten. Denn der Vorrang des Gesetzes setzt in rechtstatsächlicher Hinsicht voraus, daß es Gesetze (im formellen Sinne) in ausreichender Zahl und Regelungsdichte gibt. Zwar besteht in der Sowjetunion an Rechtsnormen (Gesetzen im materiellen Sinne) an sich kein Mangel. Die Zahl der geltenden untergesetzlichen Rechtsvorschriften wird allein auf Unionsebene auf etwa 30 000 geschätzt. Doch das Gesetz (im formellen Sinne) ist ausgesprochene Mangelware. Der Oberste Sowjet hat in den vergangenen vier Jahrzehnten 1949/88 457 Gesetze verabschiedet, unter denen sich allerdings 77 Plangesetze (Volkswirtschafts- und Haushaltspläne) und 267 Bestätigungsgesetze (d. h. formelle Gesetze, durch die Erlasse des Präsidiums des Obersten Sowjets nachträglich bestätigt werden) befanden. Folglich können zur Kategorie der eigenständigen Gesetzgebung nur 113 Gesetze gezählt werden, was einer Produktion von 2,8 Gesetzen im Jahresdurchschnitt entspricht. Man muß mit gutem Grunde nicht unbedingt die gesetzgeberischen Aktivitäten des Deutschen Bundestages, der im Jahresdurchschnitt des vergleichbaren Zeitraums 111 Gesetze produziert hat, zum Maßstab nehmen, um zu erkennen, daß der gegenwärtige Zustand der sowjetischen Rechtsordnung den Gesetzesstaat vorerst noch gar nicht ermöglicht. Immerhin bahnt sich hier eine grundlegende Verbesserung an. Auf der Grundlage der Verfassungsreform vom 1. Dezember 1988, der an die Stelle des aus 1500 Deputierten bestehenden Obersten Sowjets der UdSSR zwei gesetzgebende Körperschaften, den volksgewählten Volkskongreß mit 2250 Deputierten und den von diesem als „arbeitendes Parlament" bestellten Obersten Sowjet mit 542 Deputierten, gesetzt hat, haben sich im Mai/Juni 1989 Volkskongreß und Oberster Sowjet neu konstituiert und nach zunächst recht chaotisch anmutenden Debatten eine rege Gesetzgebungstätigkeit entfaltet. Sie haben in der zweiten Jahreshälfte 1989 25 Gesetze verabschiedet. Nach Abzug von einem Plangesetz und fünf Bestätigungsgesetzen bleiben 19 „echte" Gesetze übrig, was besagt, daß die neuen Gesetzgebungorgane in einem halben Jahr fast so viel geschafft haben wie der alte Oberste Sowjet in einem Jahrzehnt. Da in dieser Zeit viele Gesetzesvorlagen bereits vorberaten, aber noch nicht verabschiedet wurden, ist davon auszugehen, daß sich die Gesetzesproduktion in den nächsten Jahren beschleunigen wird. Ein großer Teil der erfolgten und geplanten Gesetzgebungstätigkeit betrifft das Wirtschaftsrecht, das hier außer Betracht bleiben soll. Auf die rechtsstaatlich relevanten Neuregelungen komme ich an geeigneter Stelle noch zurück.

Ein unter rechtsstaatlichen Gesichtspunkten besonders dunkles Kapitel der sowjetischen Rechtsetzung ist die Existenz „geheimer Rechtsvorschriften", die die Tätigkeit der Verwaltung, aber auch der Gerichte, vorrangig bestimmen, ohne daß der Bürger von ihnen Kenntnis erlangen kann. In einem Interview mit der juristischen Fachzeitschrift „Socialističeskaja Zakonnost'" im September 1988 hat der seinerzeitige Direktor des Instituts für Staat und Recht der Akademie der Wissenschaften der UdSSR, Professor V. N. Kudrjavcev (inzwischen zu einem der Vizepräsidenten der Akademie aufgestiegen), den Anteil des „geheimen Behördenrechts" (sekretnoe vedomstvennoe pravo) an der geltenden Rechtsmasse auf 70 % beziffert und hinzugefügt, daß diese „wichtigste gesellschaftliche Beziehungen regeln, an denen viele Bürger teilnehmen". Ein Beispiel hierfür sind die einschneidenden innerstaatlichen Freizügigkeitsbeschränkungen. Aus den veröffentlichten Rechtsvorschriften — nämlich zwei Verordnungen des Ministerrats der UdSSR vom 28.8.1974 über das System der Inlandspässe und das Meldewesen — kann der Sowjetbürger (falls er an die Verordnungsblätter überhaupt herankommt) nur soviel erfahren, daß er für einen Wohnsitzwechsel und einen Aufenthaltswechsel von über anderthalb Monaten einer polizeilichen Abmeldung (vypiska) und Anmeldung (propiska) bedarf, die in den Paß eingetragen werden. Ob die Polizeibehörde die Vermerke erteilen muß, soll oder kann, ist den beiden Verordnungen nicht zu entnehmen. Tatsächlich wird die Polizeipraxis durch interne Verwaltungsvorschriften gesteuert, die Zuzugsbeschränkungen für Großstädte, Aufenthaltsverbote für einzelne Kategorien von Strafentlassenen und Angehörige bestimmter Volksgruppen (z. B. Krimtataren) usw. enthalten.

3. *Vorbehalt des Gesetzes*

Es liegt in der Natur der Sache, daß die Zeit für den Vorbehalt des Gesetzes noch viel weniger reif ist als für den Vorrang des Gesetzes. Unter den gegebenen Umständen wäre es schlechthin unrealistisch, für das Handeln der Verwaltung — und sei es nur die Eingriffsverwaltung — eine gesetzliche Grundlage zu verlangen. In der Tat ist der sowjetischen Rechtssprache ein dem Vorbehalt des Gesetzes entsprechender Terminus unbekannt, und die Sache selbst ist bislang auch nur ansatzweise auf der Diskussionsebene erschienen. Dies geschah im Zusammenhang mit einer konkreten Regelung und betraf den Vorbehalt des Gesetzes in seiner spezifischen Erscheinungsform des gesetzlichen Ermächtigungserfordernisses für die Rechtsetzungstätigkeit der Exekutive, also den Fall, der bei uns in Art. 80 Abs. 1 GG geregelt ist.

Es war (und ist) eine heftig umstrittene Frage der Wirtschaftsreformen, in welcher Form und in welchem Umfang privatwirtschaftliche Erwerbstätigkeiten zugelassen werden sollten. Die Entscheidung ist (vorerst) zugunsten der kollektiven Form der Genossenschaft ausgefallen, deren Einzelheiten der Oberste Sowjet durch Gesetz vom 26. Mai 1988 auf der Grundlage des Normativsystems in einem recht liberalen Sinne geregelt hat. Nach Art. 3 Ziff. 1 Abs. 3 des schon am 1. Juli 1988 in Kraft getretenen Genossenschaftsgesetzes kann jedes Gewerbe Unternehmensgegenstand sein, das nicht durch die „Gesetzgebung" (zakonodatel'stvo) der Union oder der Unionsrepubliken verboten ist. Am 29. Dezember 1988 erließ dann der Ministerrat der UdSSR eine Verordnung, durch die er eine Reihe von gewerblichen Tätigkeiten zum Teil verboten und zum Teil von der Voraussetzung abhängig gemacht hat, daß ihnen ein Vertrag mit einem staatlichen Betrieb zugrunde liegt. In der Präambel berief sich die Verordnung auf Art. 3 des Genossenschaftsgesetzes als Ermächtigungsgrundlage, und der inzwischen abgesetzte Justizminister der UdSSR, B. V. Kravcov, erklärte hierzu in der Izvestija vom 12.2.1989, daß in Lehre und Praxis seit langem anerkannt sei, daß vom Begriff „Gesetzgebung" auch Verordnungen des Ministerrats erfaßt würden. Dies forderte mehrere Mitarbeiter des Instituts für Staat und Recht postwendend zu einer heftigen Kritik heraus, die zwar nicht bestritten, daß in der Praxis bislang tatsächlich so verfahren worden sei, wie es der Minister behauptet habe. Sie meinten aber, daß ein derartiger Umgang der Exekutive mit dem Gesetz für das überwundene „administrative Befehlssystem" typisch und mit dem Rechtsstaat unvereinbar sei, da dieser zwischen Gesetz und Durchführungsakten genau unterscheide und von der absoluten Priorität des Gesetzes ausgehe (Izvestija vom 20.2.1989). Die Argumentation blieb also im „Geist des Rechtsstaates" stecken, ohne zum Vorbehalt des Gesetzes explizit vorzustoßen. Es ist auch verwunderlich, daß die Kritiker nicht auf einen anderen Grundsatz der sowjetischen Rechtsstaatskonzeption hingewiesen haben, der in Ziff. 2 der Resolution der 19. Parteikonferenz „über die Rechtsreform" ausdrücklich enthalten ist und seither ständig genannt zu werden pflegt: „Alles ist erlaubt, was nicht durch Gesetz verboten ist." Da unter dem hier verwendeten Ausdruck „Gesetz" (zakon) — anders als bei „Gesetzgebung" (zakonodatel'stvo) — die sowjetische Terminologie schon immer das Gesetz im formellen Sinne verstanden hat, hätte diese Formel ohne größere Schwierigkeiten als Gesetzesvorbehalt bezüglich der menschlichen Handlungsfreiheit gedeutet werden können. Doch so weit ist die gesamte sowjetische Rechtsstaatsdiskussion noch nicht vorgedrungen.

4. Persönlicher Geltungsbereich des Gesetzes

Das Gesetz ist bekanntlich allgemeinverbindlich, gilt also für jedermann. Die Anerkennung dieser rechtsstaatlichen Selbstverständlichkeit stößt in der Sowjetunion auf spezifische Schwierigkeiten. Denn in bezug auf seinen persönlichen Geltungsbereich muß die Frage beantwortet werden: gilt das

Gesetz auch für die kommunistische Partei? Eine Bejahung dieser Frage führt an die Grenze zum Systemwandel, da nach der überkommenen marxistisch-leninistischen Systemideologie Staat und Recht Instrumente in den Händen der Partei sind, die folglich über dem Gesetz steht. Sie würde auch einen Abschied von der Konzeption der „sozialistischen Gesetzlichkeit" bedeuten, die die Parteilichkeit der Rechtsetzung und Rechtsanwendung proklamiert. Allerdings ist schon seit einiger Zeit zu beobachten gewesen, daß der Satz von der rechtlichen Ungebundenheit der Partei einer gewissen Erosion unterliegt. Bereits in Art. 6 der Brežnev-Verfassung von 1977, der die führende Rolle der Partei in bezug auf Staat und Gesellschaft mit aller Deutlichkeit formuliert, ist ein Absatz 3 eingefügt worden, wonach „alle Parteiorganisationen" „im Rahmen der Verfassung" wirken. Freilich bezog und bezieht sich Art. 6 Abs. 3 nach seinem Wortlaut nur auf die „Parteiorganisationen" und nicht auf die zentrale Parteiführung, und die Bindung der Gesamtpartei an die Verfassung war offenkundig auch nicht beabsichtigt. Ein weiterer Schritt ist bei der Neufassung des Parteistatuts auf dem XXVII. Parteitag am 1. März 1986 erfolgt. Anstelle der im Änderungsentwurf ursprünglich vorgesehenen wörtlichen Übernahme des Art. 6 Abs. 3 Verf. ist in Ziff. 60 Abs. 1 des Parteistatuts „die KPdSU" — und nicht bloß die „Parteiorganisationen" — der Verfassung unterworfen worden. Natürlich konnte auch jetzt noch argumentiert werden, daß nur eine Verfassungs- und keine Gesetzesbindung statuiert worden und das Führungsmonopol der KPdSU zudem selbst ein tragender Verfassungsgrundsatz sei. Das programmatische Bekenntnis zum „sozialistischen Rechtsstaat" hat die Entwicklung wiederum einen Schritt vorangetrieben, indem die 19. Parteikonferenz in Ziff. 4 ihrer Resolution „über die Demokratisierung der sowjetischen Gesellschaft und die Reform des politischen Systems" die Einhaltung der Gesetze durch „alle Parteiorgane" — zu denen unzweifelhaft auch die Führungsorgane gehören — zu einem charakteristischen Merkmal des Rechtsstaates erklärt hat. In der anschließenden Diskussion wird seither immer wieder hervorgehoben, daß die Gesetzesbindung auch für die Partei und der Vorrang der Gesetze auch gegenüber Parteibeschlüssen uneingeschränkt gelte.

5. Gewaltenteilung und Partei

Bis vor kurzem lehnte die sowjetische Staatslehre die Gewaltenteilung als ein „bürgerliches" Prinzip ab und kritisierte sie wegen ihrer „undemokratischen" Begrenzung der Parlamentsmacht. Sie setzte ihr das „sozialistische" Prinzip der Gewaltenkonzentration bei der obersten Volksvertretung entgegen, obwohl es kaum einen sozialistischen Verfassungsgrundsatz gegeben hat, der in der Praxis in stärkerem Maße pervertiert worden wäre, als die Allmacht sozialistischer Parlamente. Dies hat sich nunmehr geändert. Die historischen Verdienste der „bürgerlichen" Gewaltenteilung werden anerkannt, und ihre Bedeutung für den „sozialistischen Rechtsstaat" wird diskutiert. Die generelle Tendenz weist in die Richtung einer modifizierten Gewaltenteilungslehre in dem Sinne, daß der demokratische Vorrang der Volksvertretung die Funktionenteilung zwischen Gesetzgebung, Verwaltung und Rechtsprechung überlagern, also Rousseau mit Montesquieu versöhnt werden soll. In diesem Sinne bezeichnet der am 1.12.1988 neugefaßte Art. 108 der Sowjetverfassung den Kongreß der Volksdeputierten als „höchstes Organ der Staatsmacht", das „jede Frage an sich zu ziehen und zu entscheiden befugt ist, die zur Kompetenz der UdSSR gehört".

Das eigentliche Problem liegt aber in der Unterbringung der Partei im System der Gewaltenteilung. Denn die Gewaltenteilungslehre bezieht sich von Haus aus auf die staatlich organisierte politische Macht, wobei sie davon ausgeht, daß die Staatsgewalt mit der politischen Macht im wesentlichen deckungsgleich ist. Doch genau das ist im politischen System der kommunistischen Einparteidiktatur nicht der Fall. Hier ist die politische Macht schwerpunktmäßig bei der Partei(führung) konzentriert, und den Staatsorganen sind nur Teilbereiche der politischen Macht zur treuhänderischen Ausübung nach Maßgabe der Parteibeschlüsse und unter Parteikontrolle übertragen. In der aktuellen Rechtsstaatsdiskussion scheint sich eine Lösung dahingehend abzuzeichnen, daß die Partei als eine vierte Gewalt in das System politischer Gewalten einbezogen wird. Nach dieser Konzeption wäre der Partei(führung) die Regierungsfunktion vorbehalten, während Gesetzgebung, Verwaltung und Rechtsprechung in traditioneller Weise den drei Staatsgewalten zugewiesen wären. Dies wäre gewiß ein Fortschritt, weil dies bedeuten würde, daß die Partei zwar weiterhin politische Grundentscheidungen treffen könnte, aber immer dann, wenn deren Umsetzung eines Gesetzgebungsaktes bedarf, auf die Zustimmung von Volkskongreß oder Oberstem Sowjet angewiesen wäre. Die seit Mai 1989 radikal veränderte parlamentarische Praxis weist in der Tat in diese Richtung. Ganz im Gegensatz zur bisherigen Akklamationspraxis sind die Beratungen in den beiden neuen Gesetzgebungskörperschaften durch lebhafte Auseinandersetzungen und kontroverse Abstimmungen gekennzeichnet, in deren Ergebnis die Regierungsvorlagen häufig abgeändert und nicht selten sogar verworfen werden. Auf diese Weise vollzieht sich eine Systemänderung, deren gegenwärtiges Stadium als „konstitutionelle Parteiherrschaft" von Boris Meissner schon vor einigen Jahren als Entwicklungsperspektive erwogen worden ist. Ob die Entwicklung bei diesem Stadium stehen bleibt, ist eine offene Frage. Die gegenwärtige politische Führung der Sowjetunion will die Entwicklung an diesem Punkte offenbar einfrieren, und Gorbatschow hat sich gerade jüngst für die Beibehaltung des Einparteisystems ausgesprochen und gegen eine Streichung des Art. 6 der Sowjetverfassung gewandt, der die führende Rolle der KPdSU festschreibt. Jedenfalls im Baltikum geht aber die Entwicklung weiter, und der Oberste Sowjet Litauens hat am 7. Dezember 1989 — dem Beispiel Ungarns, der Tschechoslowakei und der DDR folgend — den Führungsanspruch der Partei aus der litauischen Verfassung gestrichen und damit das Tor für die Entwicklung zu einem Mehrparteiensystem aufgestoßen. Der litauische Vorstoß steht ohne Zweifel im Widerspruch zur Unionsverfassung, aber es ist nicht der erste Verfassungskonflikt, den die baltischen Republiken in letzter Zeit provoziert haben. Moskau hat bisher darauf verzichtet, die Verfassungskonflikte bis zur letzten Konsequenz auszutragen. Ob sich die „konstitutionelle Parteiherrschaft" wird halten können, hängt letztlich vom politischen Durchsetzungsvermögen der auf die Einführung eines Mehrparteiensystems drängenden gesellschaftlichen Kräfte im russischen Kernland ab, die ohne Zweifel vorhanden, aber unvergleichbar schwächer sind als in Ostmitteleuropa oder im Baltikum.

6. Richterliche Unabhängigkeit

Welche Entwicklung auch die hochpolitische Dimension der Gewaltenteilung nehmen mag, fest steht, daß die richterliche Unabhängigkeit ein zentrales Element des „sozialistischen Rechtsstaats" bilden soll. Ihre Verwirklichung genießt höchste Dringlichkeit, zumal die sowjetische Presse im Zeichen der Glasnost' die haarsträubenden Zustände in der Justiz schonungslos aufgedeckt hat. Die Klagen betreffen die geringe Zahl, die mangelnde fachliche und persönliche Eignung, die schlechte Bezahlung und das geringe Ansehen der sowjetischen Richter, die in heruntergekommenen und vielfach baufälligen Gerichtsgebäuden, in verschmutzten und ungeheizten Räumen lustlos ihren Dienst versehen. Noch gravierender ist der im Vergleich zum Staatsanwalt untergeordnete Status des Richters, was in der Praxis dazu führt, daß der Richter in aller Regel als Vollzugsorgan des Staatsanwalts fungiert, der den „direkten Draht" zur zuständigen Parteidienststelle hat, der Strafantrag das Urteil vorwegnimmt und Freisprüche kaum vorkommen. Die Umkehr dieser überkommenen Rangordnung, die Befreiung des Richters aus seiner Abhängigkeit von Staatsanwaltschaft, Partei und lokalen Potentaten aller Art und die Stärkung des richterlichen Selbstbewußtseins sind die wichtigsten langfristigen Ziele, deren Verwirklichung mit rechtlichen Regelungen freilich nur bedingt gefördert werden kann.

Immerhin sind auf diesem Gebiete die rechtsstaatlichen Absichten bereits in legislatorische Taten umgesetzt worden. Auf der Basis der am 1. Dezember 1988 beschlossenen Verfassungsreform hat der neue Oberste Sowjet in mehreren Schritten eine *Justizreform* verabschiedet, die am 1. Dezember 1989 in Kraft getreten ist. Das Justizpaket besteht aus zahlreichen Rechtsvorschriften, unter denen das Richtergesetz vom 4.8.1989, das

"Gesetz über die Verantwortlichkeit für Mißachtung des Gerichts" vom 2.11.1989 und die Unionsgrundlagen der Gerichtsverfassung vom 13.11.1989 (ein Rahmengesetz, auf dessen Grundlage die 15 Unionsrepubliken ihre Gerichtsverfassungsgesetze zu verabschieden haben) die wichtigsten sind. Die entscheidenden Neuregelungen betreffen die folgenden Punkte:

a) Persönliche Unabhängigkeit. Trotz einschlägiger Forderungen aus der Rechtswissenschaft hat sich der Gesetzgeber nicht dazu zu entschließen vermocht, von der traditionellen Richterwahl auf befristete Zeit Abstand zu nehmen und den Richter auf Lebenszeit einzuführen, aber die richterliche Amtsperiode ist von fünf auf zehn Jahre verlängert und das Verfahren der Richterbestellung einschneidend verändert worden. Bislang wurden die unseren Amtsrichtern entsprechenden Volksrichter auf Bürgerversammlungen im Gerichtsbezirk und die höheren Richter von den Volksvertretungen (Sowjets) der gleichen Stufe gewählt, wobei die eigentliche Personalentscheidung bereits zuvor von der zuständigen Nomenklaturstelle der Partei- und Justizbürokratie getroffen worden war. Nunmehr sind die Richter von der Volksvertretung der jeweils höheren Stufe zu wählen, womit auch die direkte Volkswahl der unteren Richter entfallen ist. Noch wichtiger ist die vorgeschaltete Ausleseprozedur, an der das Justizministerium, das Oberste Gericht und eine Richtervertretung auf Unions- oder Republikebene beteiligt sind. Die Wahlvorschläge werden der Volksvertretung vom jeweils zuständigen Justizministerium und Obersten Gericht gemeinsam unterbreitet. Vor dem Vorschlag ist die Stellungnahme eines sog. "Qualifizierungskollegiums der Richterschaft" einzuholen, deren Mitglieder von der Richterschaft eines höheren Gerichtsbezirks auf die Dauer von fünf Jahren gewählt werden. Diese Qualifizierungskollegien sind auch für die Abnahme der neu eingeführten Richterprüfung zuständig, so daß sich der Schlüssel für die Eingangspforte zur Richterlaufbahn nunmehr in den Händen der Richterschaft befindet.

b) Sachliche Unabhängigkeit. Die Weisungsfreiheit des Richters in Rechtsprechungssachen ist zwar schon seit langem ein Grundsatz des sowjetischen Gerichtsverfassungsrechts, doch ist er in der Praxis vielfach ignoriert worden. In politischen oder die tatsächlichen Machthaber persönlich interessierenden Angelegenheiten war es üblich, daß dem Richter der erwünschte Urteilsspruch informell mitgeteilt wurde, und dieser tat gut daran, der Empfehlung zu folgen, wollte er für eine nächste Amtsperiode wiedergewählt werden. Dieses als "Telephonjustiz" bekannte Verfahren ist nunmehr ausdrücklich verboten und unter Strafe gestellt worden, wobei der Gesetzgeber bei Ausgestaltung der Straftatbestände auch die "Morddrohung" nicht vergessen hat, auf die in Korruptionsaffären verwickelte Partei- und Staatsfunktionäre namentlich in Zentralasien gern zurückgegriffen haben. Neben der Einführung des strafbewehrten Einmischungsverbots ist zur Stärkung der sachlichen Unabhängigkeit der Richter die bisherige Fachaufsicht der Justizministerien auf Angelegenheiten der Justizverwaltung beschränkt worden.

c) Qualität und Ansehen der Rechtsprechung. Das Justizpaket enthält eine ganze Reihe von Regelungen, die diesem Zweck dienen. Die Neuerungen sollen nur stichwortartig benannt werden: Verschärfung der Befähigungsvoraussetzungen (Praxiserfordernis, Richterprüfung, Mindestalter); fachliche Beurteilung der Richter durch die erwähnten Qualifizierungskollegien („Qualifizierungsattest"); Einstufung der Richter in „Qualifikationsklassen", nach denen — unabhängig von der ausgeübten Funktion — Zulagen zum Grundgehalt gewährt werden; Strafbarkeit der „Mißachtung des Gerichts" nach dem anglo-amerikanischen Vorbild des Contempt of Court; Einführung der Richterrobe. Besonders aufschlußreich für die sozialen Verhältnisse ist Art. 20 Abs. 2 RichterG, der die Attraktivität des Richterberufs dadurch zu fördern trachtet, daß er die Kommunen verpflichtet, jeden Richter binnen sechs Monten nach seiner Wahl mit einer Einzelwohnung (also keine „Gemeinschaftswohnung" mit mehreren Familien!) zu versorgen.

d) Schwurgerichte. Die Idee der Errichtung von Schwurgerichten nach amerikanischem Muster wurde in der Anfangsphase der Diskussion über die Justizreform mit großer Vehemenz lanciert. Die ursprüngliche Begeisterung ist im Verlaufe der Diskussion — im Hinblick auf die zweifelhaften Erfahrungen mit der amerikanischen Schwurgerichtsbarkeit durchaus verständlich — einer distanzierteren Haltung gewichen, und die Unionsgrundlagen der Gerichtsverfassung haben sich schließlich für eine fakultative Lösung entschieden. Hiernach bleibt es den Unionsrepubliken überlassen, ob sie für schwere Verbrechen, die mit der Todesstrafe oder Freiheitsstrafe von über zehn Jahren bedroht sind, für die Entscheidung über die Schuldfrage Schwurgerichte einführen wollen.

7. Bestimmtheitsgrundsatz

Die wegen ihrer Lückenhaftigkeit und Unbestimmtheit geringe Regelungsdichte ist ein traditionelles und neuerdings viel beklagtes Übel der sowjetischen Gesetze. Die schlechte Gesetzesqualität wird heute lebhaft kritisiert, ohne daß die Rechtswissenschaft von einer punktuellen Kritik rechtspolitischer Natur zu der prinzipiellen Forderung übergegangen wäre, den Bestimmtheitsgrundsatz als ein wesentliches Element des Rechtsstaats anzuerkennen und durchzusetzen. Immerhin liegt die Sache „in der Luft", wie es ein jüngstes Ereignis im Zusammenhang mit der Reform des besonders sensitiven politischen Strafrechts zeigt. Dieses Ereignis wirft auch ein höchst instruktives Licht auf die Auseinandersetzungen, die zwischen den konservativen und den reformfreudigen Kräften teils offen, meist aber hinter den Kulissen zur Zeit ausgetragen werden. Es betrifft das Schicksal der berüchtigten *antisowjetischen Agitation und Propaganda*, die schon seit 1927 eine tragende gesetzliche Säule der politischen Willkürjustiz darstellt.

Zum besseren Verständnis der Vorgänge muß man wissen, daß nach der bundesstaatlichen Kompetenzordnung auf dem Gebiete der Gesetzgebung der Union die „Grundlagengesetzgebung" und die Sicherung der Einheitlichkeit der gesetzlichen Regelungen im Unionsmaßstab zukommen (Art. 73 Ziff. 3 Verf.). Diese reichlich unbestimmte Kompetenz ist im Bereich des Strafrechts so gehandhabt worden, daß der Unionsgesetzgeber in einem Grundlagengesetz den Allgemeinen Teil regelt und durch besondere Gesetze einzelne Straftatbestände schafft, wobei er die Komplexe der Staatsschutzdelikte und der Militärstraftaten abschließend zu regeln pflegt. Die einzelnen Unionsrepubliken erlassen dann ihre Strafgesetzbücher, in die sie die Unionsbestimmungen wörtlich übernehmen. Der Tatbestand der „antisowjetischen Agitation und Propaganda" befand sich in Art. 7 des Unionsgesetzes „über die strafrechtliche Verantwortlichkeit für Straftaten gegen den Staat" vom 25. Dezember 1958 und wurde in den Strafgesetzbüchern aller Unionsrepubliken wiederholt (z. B. Art. 70 StGB RSFSR). Die uferlose Breite des Tatbestandes machte es möglich, praktisch jede menschliche Regung als dem geschützten Rechtsgut der sowjetischen Staats- und Gesellschaftsordnung abträglich anzusehen und mit drakonischen Strafen (im Höchstmaß mit Freiheitsstrafe von 10 Jahren und anschließender Verbannung von 5 Jahren) zu belegen. Immerhin war eine — schwer nachprüfbare und deshalb leicht zu unterstellende — „staatsfeindliche Absicht" erforderlich. Als mit dem Aufkommen der Dissidentenbewegung Mitte der 60er Jahre die Unterstellung der staatsfeindlichen Absicht in Anbetracht der überzeugenden Widerlegung durch die intellektuellen Angeklagten praktische Schwierigkeiten zu bereiten begann, wurde auf Republiksebene kurzerhand ein neuer Straftatbestand der „Staats- und Gesellschaftsverleumdung" eingeführt, der den Gerichten eine — als erste Stufe der Verfolgung gedacht — mildere Aburteilung ermöglichte, ohne sich mit Subtilitäten des subjektiven Tatbestandes beschäftigen zu müssen. Parallel zur Freilassung der meisten politischen Häftlinge 1987/88 wurde in der Öffentlichkeit schon im Vorgriff auf die geplante große Strafrechtsreform eine grundlegende Änderung oder gar Abschaffung der genannten Strafbestimmungen gefordert, und halboffiziell wurden eine Eingrenzung der „antisowjetischen Agitation und Propaganda" durch das Merkmal der Gewalt und eine ersatzlose Aufhebung der „Staats- und Gesellschaftsverleumdung" in Aussicht gestellt. Um so größer waren dann Empörung und Enttäuschung, als der erwartete Erlaß des Präsidiums des Obersten Sowjets vom 8. April 1989 bekannt wurde. Durch ihn wurde Art. 7 des erwähnten Unionsgesetzes neugefaßt, indem das Strafmaß für die in „Aufruf zum Umsturz oder zur

Änderung der sowjetischen Staats- und Gesellschaftsordnung" umbenannte Straftat zwar herabgesetzt und der Tatbestand etwas genauer umschrieben wurde, aber das Merkmal der „Gewalt" keine Berücksichtigung fand und zudem als „Verunglimpfung oder Diskreditierung staatlicher Organe und gesellschaftlicher Organisationen" (Art. 11¹) ein neuer Straftatbestand eingeführt wurde. Zum Ausgleich wurde in den Strafgesetzbüchern der Unionsrepubliken die „Staats- und Gesellschaftsverleumdung" gestrichen. In der neuen Bestimmung des Art. 11¹ erregte vor allem das gänzlich unbestimmte Merkmal der „Diskreditierung" öffentlichen Unmut. Bereits wenige Wochen nach ihrem Inkrafttreten ersuchte der Generalstaatsanwalt der UdSSR das Plenum des Obersten Gerichts der UdSSR um eine verbindliche Auslegung des Tatbestandsmerkmals „Diskreditierung", da in einigen Unionsrepubliken schon eine Reihe von Verfahren nach Art. 11¹ eingeleitet worden sei (!). Das Oberste Gericht entsprach dem Ersuchen und verfügte eine restriktive Auslegung. Am selben 23. Mai, an dem die sog. „Richtungweisende Erläuterung" des Obersten Gerichts veröffentlicht wurde, trat das Präsidium des Obersten Sowjets der UdSSR von sich aus den Rückzug an und beschloß, seinen Erlaß vom 8. April in einer abgeänderten Fassung dem Obersten Sowjet zur Bestätigung vorzulegen, die anstelle der „Diskreditierung" eine neue und genauere Formulierung enthielt. Nichtsdestoweniger wurde auf dem alsbald eröffneten Volkskongreß Art. 11¹ heftig kritisiert und am 9. Juni ersatzlos aufgehoben. Auch Art. 7 hielt der Kongreß für änderungsbedürftig. Seiner Weisung folgend, erarbeiteten die vorberatenden Ausschüsse des Obersten Sowjets eine Neufassung, in der der Tatbestand präziser und enger gefaßt und namentlich um das Merkmal der „Gewalt" ergänzt wurde. Erst in dieser Fassung wurde Art. 7 am 31. Juli bestätigt, der nach unserer Terminologie nunmehr den Aufruf zum Hochverrat normiert. Es war das erste Mal in der Geschichte der Sowjetunion, daß sich der Oberste Sowjet weigerte, einen von seinem Präsidium als Ersatzgesetzgeber verabschiedeten Erlaß nachträglich zu bestätigen, und somit aus eigener Initiative sogar rückwirkend in den Gesetzgebungsprozeß eingriff.

8. Gerichtlicher Verwaltungsrechtsschutz

Forderungen, den gerichtlichen Verwaltungsrechtsschutz auszubauen, der in der Sowjetunion herkömmlicherweise nur punktuell gewährt worden war, sind nicht erst im Zuge der Rechtsstaatsdiskussion artikuliert worden, aber sie haben durch sie einen neuen Auftrieb erhalten, und sie haben auch zu einem legislatorischen Erfolg geführt. An sich war dem Gesetzgeber schon in Art. 58 Abs. 2 der Brežnev-Verfassung von 1977 der Auftrag erteilt worden, in Abkehr vom traditionellen Enumerationsprinzip einen umfassenden gerichtlichen Verwaltungsrechtsschutz einzuführen. Doch er kam diesem Auftrag erst unter Gorbatschow am 30. Juni 1987 nach — in einer Weise, die nur als Sieg der konservativen Bürokratie über die progressive Rechtswissenschaft interpretiert werden konnte. Formal gesehen wurde zwar die Generalklausel eingeführt, doch wurde sie durch so viele Ausnahmen und Manipulationsmöglichkeiten entwertet, daß sich in der Folgezeit an der gerichtlichen Praxis kaum etwas geändert hat. Die Rechtswissenschaft nahm die Regelung mit herber Kritik auf und verlangte unverzüglich eine Nachbesserung. Diese Forderungen haben dann beim neuen Obersten Sowjet Gehör gefunden, der am 2. November 1989 unter dem etwas barokken Titel „Gesetz über das Verfahren der gerichtlichen Anfechtung rechtswidriger und die Rechte der Bürger verletzender Handlungen von Organen der Staatsverwaltung und Amtspersonen" eine Neuregelung getroffen hat, die rechtsstaatlichen Erfordernissen genügt. Ab 1. Juli 1990 werden die Sowjetbürger nach Ausschöpfung des verwaltungsinternen Beschwerdewegs alle „Verwaltungshandlungen" gerichtlich anfechten können, die rechtswidrig sind und sie in ihren durch eine Rechtsnorm begründeten Rechten verletzen oder ihnen eine gesetzlich nicht vorgesehene Pflicht auferlegen. Da die Sowjetunion am Prinzip der Einheitsgerichtsbarkeit festhält — nur in Gestalt der Militärtribunale gibt es eine besondere Gerichtsbarkeit —, sind für Verwaltungsrechtssachen die „ordentlichen" Gerichte zuständig, die nach den Regeln des Zivilprozeßrechts verfahren.

9. Verfassungsaufsicht

Größere Schwierigkeiten hat die auch schon früher gelegentlich erwogene Errichtung eines wirksamen Mechanismus zur Gewährleistung der Verfassungsmäßigkeit der Rechtsordnung bereitet. Der Einführung einer echten Verfassungsgerichtsbarkeit stand das Dogma von der Gewaltenkonzentration bei der obersten Volksvertretung im Wege, mit dem es unvereinbar erscheint, daß Parlamentsgesetze von einer demokratisch minderlegitimierten Institution sollen überprüft und aufgehoben werden dürfen: eine Denkfigur, die uns aus der französischen Verfassungstradition geläufig ist, die das Parlament als die einzige Inkarnation der nationalen Souveränität betrachtet und deshalb die Etablierung einer gerichtlichen Normenkontrolle behindert hat. Aus diesem Grunde ist es in der Sowjetunion mit Wirkung vom 1. Januar 1990 zu einer Kompromißlösung gekommen. Als institutionelle Krönung des Verfassungsstaates, als welches sich der „sozialistische Rechtsstaat" auch versteht, wird auf Unionsebene gerade ein *„Komitee für Verfassungsaufsicht"* errichtet, dem in den Unionsrepubliken und Autonomen Republiken entsprechende Institutionen folgen sollen. Die gesetzlichen Grundlagen hierfür sind mit der Verfassungsänderung vom 1.12.1988 und der Verabschiedung eines Gesetzes über die Verfassungsaufsicht in der

UdSSR vom 23.12.1989 gelegt worden. Das Komitee besteht aus 27 „Spezialisten auf dem Gebiete der Politik und des Rechts", die vom Volkskongreß auf Vorschlag des Vorsitzenden des Obersten Sowjets (d. h. Gorbatschow) auf die Dauer von zehn Jahren zu wählen sind. Hauptaufgabe des Komitees ist die abstrakte Normenkontrolle. Das Komitee kann auf Antrag verschiedener Verfassungsorgane der Union und der Unionsrepubliken oder — in bestimmten Fällen — auf eigene Initiative ein Gutachten über die Verfassungs- und Gesetzeskonformität von Rechtsnormen erstellen, hat also keine Entscheidungsbefugnisse. Immerhin entfalten die Gutachten in vielen Fällen einen Suspensiveffekt, so daß die beanstandete Rechtsnorm bis zur Beseitigung der Verfassungs- oder Gesetzwidrigkeit durch das zuständige Rechtsetzungsorgan nicht angewendet werden kann. Kein Suspensiveffekt kommt den Gutachten zu, durch die die Verfassungswidrigkeit von Bestimmungen eines Kongreßgesetzes oder einer Republiksverfassung festgestellt wird. In allen Fällen kann dem Gutachten des Komitees die Wirksamkeit letztlich — d. h. im Ergebnis eines recht komplizierten und deshalb hier nicht näher zu schildernden Verfahrens — nur durch einen mit 2/3-Mehrheit aller Deputierten gefaßten Kongreßbeschluß versagt werden; kommt diese Mehrheit nicht zustande, tritt die beanstandete Rechtsnorm außer Kraft. Auf diese Weise ist die Rechtsstellung des Komitees für Verfassungsaufsicht derjenigen eines echten Verfassungsgerichts schließlich doch angenähert worden.

Diese Lösung ist im Ergebnis heftiger Auseinandersetzungen und gegen den Widerstand der baltischen Deputierten und der sich in Volkskongreß und Oberstem Sowjet als „Interregionale Gruppe" formierten Opposition zustande gekommen. Den politischen Hintergrund bildet der baltische und der aserbaidschanische Verfassungskonflikt. Zur Durchsetzung ihrer Autonomiebestrebungen haben Estland, Lettland, Litauen und Aserbaidschan Verfassungsänderungen und andere gesetzgeberische Maßnahmen verabschiedet, die der unitarisch-zentralistischen Gesamtanlage der geltenden Unionsverfassung widersprechen und vom Präsidium des Obersten Sowjets der UdSSR auch als verfassungswidrig beanstandet worden sind. Die betroffenen Unionsrepubliken haben aber die Moskauer Verfassungsrüge bislang schlechthin ignoriert, und in Ermangelung entsprechender Regelungen hat es bis dato kein Verfahren gegeben, in dem der Vorrang der Unionsverfassung gegenüber dem Republiksrecht hätte durchgesetzt werden können. Mit der Errichtung des Komitees für Verfassungsaufsicht steht dieser Mechanismus zur Verfügung, von dem die Autonomisten zu Recht befürchtet haben, daß er auf der Grundlage der noch geltenden Unionsverfassung zur Verhinderung ihrer Reformvorhaben eingesetzt werden könnte. Zu guter Letzt ist ein Kompromiß dergestalt gefunden worden, daß das Gesetz über die Verfassungsaufsicht zwar zum Jahresbeginn 1990 in Kraft tritt, aber die Bestimmungen über die Kontrolle der Republiksverfassungen und -gesetze erst nach Inkrafttreten der bundesstaatlichen Verfassungsreform anwendbar sein werden. Die Neustrukturierung des sowjetischen Bundesstaates steht als nächster Punkt auf der Tagesordnung der Verfassungsreformen und bildet nunmehr den Hauptkriegsschauplatz in den Auseinandersetzungen zwischen der Moskauer Zentralgewalt und den auf Autonomie (oder Sezession?) drängenden Völkern des sowjetrussischen Imperiums.

10. Verhältnismäßigkeitsgrundsatz

Der letzte Punkt kann kurz ausfallen. Der Verhältnismäßigkeitsgrundsatz, der bei uns mit tätiger Hilfe des Bundesverfassungsgerichts eine so überragende rechtsstaatliche Bedeutung erlangt hat, daß man gelegentlich den Eindruck gewinnt, als erschöpfe sich in ihm das gesamte öffentliche Recht der Bundesrepublik Deutschland, ist in der Sowjetunion (noch) schlechthin unbekannt.

IV.

Die bisherige Entwicklung des sowjetischen Rechtsstaats läuft im wesentlichen auf den *formellen Rechtsstaat* hinaus, der seinen Bürgern zuvörderst Rechtssicherheit zu gewährleisten berufen ist.

Allerdings sind auch einige Ansätze zu einem *materiellen Rechtsstaatsbegriff* zu registrieren. Zwei von ihnen verdienen es, besonders hervorgehoben zu werden.

Der erste betrifft gewisse *Wertvorstellungen*, die in der Rechtsstaatsdiskussion meistens mit den Vokabeln „Menschenrechte" und „(soziale) Gerechtigkeit" verbunden werden. In politischer Hinsicht finden sie im „neuen Denken" Gorbatschows eine Stütze, in dem die „allgemeinmenschlichen Werte" einen wichtigen Platz einnehmen und die überkommenen ideologischen Postulate des Marxismus-Leninismus in den Hintergrund treten. Einen völkerrechtlichen Anknüpfungspunkt bieten die verschiedenen Menschenrechtspakte, denen die Sowjetunion beigetreten ist. So können rechtsstaatlich gestimmte Forderungen erhoben werden, die Sowjetunion müsse ihre innerstaatliche Rechtsordnung mit ihren völkerrechtlichen Menschenrechtsverpflichtungen in Übereinstimmung bringen.

Der zweite Ansatz klingt für westliche Ohren etwas ungewohnter: *„gegenseitige Verantwortung von Staat und Bürger"*. Diese Formel ist durch die Resolutionen der 19. Parteikonferenz in den Rang der parteioffiziellen Programmatik des „sozialistischen Rechtsstaats" erhoben worden, doch tut sich die Rechtswissenschaft offenkundig schwer, ihr eine Substanz abzugewinnen. Sie scheint in erster Linie eine moralische Appellfunktion zu erfüllen, aber es gibt auch weiterführende Bemühungen. Mit der „Verantwortung des Staates gegenüber dem Bürger" werden einige rechtsstaatlich relevante Einrichtungen in Verbindung gebracht, wie die Staatshaftung und die disziplinarische Einstandspflicht der Partei-(!) und Staatsfunktionäre für Fehlverhalten. Eher im Wirkungsbereich des Demokratieprinzips sind zu lokalisieren die Verantwortlichkeit der Exekutive gegenüber der Legislative (Rechenschaftspflicht, Abberufbarkeit) und die Verantwortlichkeit des Staates gegenüber dem Volk, die über Referenden, Meinungsumfragen, eine Informationspflicht über staatliche Aktivitäten und gesellschaftliche Entwicklungen, regelmäßige Auftritte von Partei- und Staatsfunktionären in der Öffentlichkeit und ähnliche Mechanismen realisiert werden soll, die eine demokratische Öffentlichkeit konstituieren. Die entgegengesetzte Frage, worin sich die Verantwortung des Bürgers gegenüber dem Staat konkret äußern soll, wird nicht näher erläutert. Gewiß wird man in erster Linie an ein wirksames Straf- und Ordnungswidrigkeitenrecht und wohl auch an die Grundpflichten zu denken haben, die in der sowjetischen Verfassung enthalten sind. Die politische Bedeutung der Bürgerverantwortung wird im aktuellen Kontext der Reformen und ihrer unliebsamen Folgeerscheinungen zu sehen und hauptsächlich als Aufruf zu höherer Arbeitsdisziplin und zur Bekämpfung der alarmierend angestiegenen Kriminalität zu deuten sein.

V.

Im Vergleich zum klassisch-westlichen Rechtsstaat ist der „sozialistische Rechtsstaat", der in der Sowjetunion angestrebt wird, eher ein werdender Rechtsstaat als einer, der sich durch spezifisch „sozialistische" Züge auszeichnen würde. Sein größter Feind ist die *Rechtswirklichkeit*, der es an einer rechtsstaatlichen Infrastruktur mangelt. Dieser Mangel hat historische Ursachen, die weit in die vorsowjetische Zeit zurückreichen und durch den Stalinismus verstärkt worden sind. All dies ist in der Sowjetunion wohl bekannt und wird öffentlich erörtert. Das Stichwort ist der „traditionelle Rechtsnihilismus", dessen gegenwärtigen Standort in der Geistesverfassung der sowjetischen Gesellschaft Professor Tumanov unlängst sehr treffend skizziert hat (Sovetskoe Gosudarstvo i Pravo Nr. 10/1989, S. 24): „Mit der Bestätigung der Konzeption des sozialistischen Rechtsstaats durch die marxistisch-leninistische Ideologie und ihrer anschließenden Fortentwicklung in Parteidokumenten und durch Schlußfolgerungen in der Gesellschaftswissenschaft kann man wohl sagen, daß wir uns von einer Form des juristischen Nihilismus bereits befreit haben. Es handelt sich um den Rechtsnihilismus in der obersten Etage des gesellschaftlichen Bewußtseins, auf der ideologischen Ebene. Aber es verbleiben noch zwei andere Formen:

der alltägliche und der behördliche Nihilismus. Der Wohnsitz des ersteren ist das Massenbewußtsein, die Sozialpsychologie — des zweiten das auf administrativen Befehlen beruhende Verwaltungssystem." Anders ausgedrückt: Ein rechtsstaatliches Bewußtsein haben heute vielleicht die politische Führung und der Gesetzgeber, nicht aber die Rechtsanwender (Verwaltung und Justiz) und die Normadressaten (Bürger). Damit die Kluft zwischen Sollen und Sein überwunden und der Rechtsstaat Wirklichkeit wird, muß erst ein rechtsstaatliches Bewußtsein auf breiter Basis, ein kompetenter Juristenstand und der mündige Bürger, erzeugt werden. Bis dahin wird noch ein langer und beschwerlicher Weg zurückzulegen sein.

Literaturhinweise

Brunner, G. / *Schmidt*, C.: Die sowjetische Verfassungsreform vom Dezember 1988, Osteuropa-Recht 1989, S. 77 ff. — *Kudrjavcev*, V. N. / *Lukaševa*, E. A.: Socialističeskoe pravovoe gosudarstvo, Kommunist 1988, Nr. 11, S. 44 ff. — *Lazarev*, B. M.: „Razdelenie vlastej" i opyt sovetskogo gosudarstva, Kommunist 1988, Nr. 16, S. 42 ff. — *Livšic*, R. Z.: Pravo i zakon v socialističeskom pravovom gosudarstve, Sovetskoe Gosudarstvo i Pravo 1989, Nr. 3, S. 15 ff. — *Luchterhandt*, O.: Die Sowjetunion auf dem Wege zum Rechtsstaat, St. Augustin bei Bonn 1990 (Forschungsberichte der Konrad-Adenauer-Stiftung). — *Meissner*, B.: Die erste Phase der Verfassungsreform Gorbatschows und ihre Auswirkungen auf das Verhältnis von Partei und Staat, Recht in Ost und West 1989, S. 385 ff. — *Schweisfurth*, Th.: Perestrojka durch Staatsrecht. Die erste Etappe der Reform des politischen Systems der sowjetischen Gesellschaft durch die Verfassungsrevision vom 1. Dezember 1988, Zeitschrift für ausländisches öffentliches Recht und Völkerrecht 1989, S. 711 ff. — *Tumanov*, V. A.: O pravovom nigilizme, Sovetskoe Gosudarstvo i Pravo 1989, Nr. 10, S. 20 ff. — Ličnost v socialističeskom pravovom gosudarstve, Sovetskoe Gosudarstvo i Pravo 1989, Nr. 9, S. 45 ff.; Nr. 10, S. 28 ff.; Nr. 11, S. 26 ff.

DER ZUSAMMENBRUCH
DES SOWJETISCHEN ZENTRALSTAATES

Von Gerhard Simon

Die Sowjetunion befindet sich in einer tiefen Krise. Der heutige staatsrechtliche Bestand der Sowjetunion kann nicht mehr als gesichert gelten. Die Krise hat zahlreiche Facetten. Die drei zentralen Aspekte sind: 1. die politische Krise: Die Herrschaft der kommunistischen Partei wird in immer größeren Gruppen der Gesellschaft nicht mehr akzeptiert; 2. die Wirtschaftskrise: Die sozialistische Planwirtschaft ist nicht wettbewerbsfähig, sie bleibt sogar hinter der Leistungsfähigkeit vieler Länder der Dritten Welt zurück; 3. die nationale Frage: Viele Nationen und Völkerschaften akzeptieren das Sowjetsystem nicht mehr. Einige fordern bereits offen die Separation.

Die nationale Frage ist also kein Randphänomen der sowjetischen Gesellschaft, sie steht vielmehr im Zentrum der Entwicklung. Dies wird bereits daraus deutlich, daß etwa die Hälfte der Bevölkerung der Sowjetunion Nichtrussen sind. Die Gorbatschow-Führung hat die Krise in der Sowjetunion erkannt. Die Regierung selbst und zahlreiche Wissenschaftler und Publizisten haben in den vergangenen Jahren in immer weiter ausgreifenden Analysen eine umfassende Diagnose der Krisensymptome in der Sowjetunion geliefert. Die bisher eingeleiteten therapeutischen Maßnahmen bleiben allerdings weit hinter der Diagnose zurück. Das gilt auch und in besonderem Maß für die nationale Frage. Die Gorbatschow-Führung hat bisher keine dem tatsächlichen Entwicklungsstand angemessene Konzeption zur Neuregelung der Beziehungen zwischen der Zentralmacht und den Nationen vorgelegt. Statt dessen hat die nationale Frage eine Eigendynamik entwickelt, die die Zentralmacht immer stärker vor vollendete Tatsachen stellt.

Sowohl in der Sowjetunion als auch unter westlichen Beobachtern sind die Meinungen darüber geteilt, ob von der nationalen Frage zusätzliche Impulse in Richtung auf mehr Perestrojka, politischen Pluralismus und Liberalisierung ausgehen oder ob im Gegenteil die nationale Frage ein Hindernis für die „Umgestaltung" ist. Die Pessimisten fürchten, die weitgehenden Forderungen nach nationaler Selbstbestimmung und Demokratie bei vielen nichtrussischen Völkern könnten Wasser auf die Mühlen der

Reaktionäre im Zentrum sein und ihnen zusätzliche Argumente für die Forderung nach einem Ende der Perestrojka liefern. Auch Gorbatschow persönlich hat etwa den Armeniern oder den Balten wiederholt „Extremismus" und „nationalen Egoismus" vorgeworfen. Auf der anderen Seite sind die Volksfronten in den baltischen Republiken offensichtlich mit der Zustimmung Gorbatschows gegründet worden.

I. Die politische Mobilisierung der Nationen

Der zugleich sichtbarste und in hohem Maße unerwartete Ausdruck der politischen Mobilisierung der Nationen waren die großen Massendemonstrationen seit Februar 1988. Damals gingen in Armenien zuerst Zehntausende, dann Hunderttausende, zuletzt eine Million Menschen auf die Straße und hielten über Tage hin friedliche Demonstrationen in der armenischen Hauptstadt Eriwan ab.[1] Dreihunderttausend Menschen versammelten sich am 11. September 1988 im Lieder-Stadion von Tallinn zum Festival „Estlands Lied 1988". Fünfhunderttausend Litauer kamen am 2. August 1988 in Kaunas zur größten Massenversammlung der Nachkriegszeit im Baltikum zusammen. Im November 1988 griffen die Massendemonstrationen auf Aserbaidschan und Georgien über, wo in Baku und Tiflis ebenfalls mehrere hunderttausend Menschen auf die Straße gingen. Nach einer Pause haben in Baku im August 1989 die Massendemonstrationen wieder einen neuen Höhepunkt erreicht: Am 14. August demonstrierte hier eine halbe Million Menschen. Besonders in Transkaukasien waren die Demonstrationen häufig von generalstreikartigen Ausständen begleitet. Die Menschenkette am 23. August 1989 zur Erinnerung an den Hitler-Stalin-Pakt vor fünfzig Jahren brachte im Baltikum weit mehr als eine Million Menschen auf die Straße. Auch in der Moldau-Republik erreichte die Zahl der Demonstranten am 27. August 1989 erstmals 300 000 Menschen.

Mobilisierungen von diesem Ausmaß sind nicht nur für die Sowjetunion einzigartig, sondern sie haben auch in der europäischen Geschichte wenig Parallelen. Träger dieser politischen Willensäußerung im Gegensatz zur Zentralmacht sind Nationen in der Größenordnung von einer Million Menschen (Esten) bis zu 6,5 Millionen (Aserbaidschaner).

Während die kleineren europäischen Völker und die Aserbaidschaner nach Hunderttausenden zählende Manifestationen zu organisieren in der Lage waren, kamen 1989 bei den politischen Demonstrationen der großen

---

[1] G. Simon: Die Unruhen in Armenien und Aserbaidschan, in: Beiträge zur Konfliktforschung, 2/1988, S. 37-46; U. Halbach, Die Armenier in der Sowjetunion. Berg-Karabagh als Beispiel des Nationalitätenproblems, in: Europa-Archiv, 25. September 1988, S. 513-524.

Völker — wie der Weißrussen, der Ukrainer, der Usbeken, aber auch der Russen selbst — jeweils einige zehntausend Menschen zusammen. In der Ukraine erreichte die Zahl der Demonstranten erstmals am 17. September 1989 die 100 000-Grenze, als in Lemberg die Menschen an den Einmarsch der Roten Armee vor fünfzig Jahren erinnerten und die Wiederzulassung der ukrainischen katholischen Kirche forderten, die 1946 mit dem Moskauer Patriarchat zwangsvereinigt worden war.

Noch höher als bei den eben Genannten ist wahrscheinlich der Grad der politischen Mobilisierung bei einigen Mini-Völkern, wie den Krimtataren oder den Abchasen; die letzteren zählen etwa einhunderttausend Menschen. Verglichen damit ist die Geschlossenheit unter den Deutschen in der Sowjetunion gering.

Die Großdemonstrationen und die sie begleitenden Streiks verliefen in aller Regel ohne Zwischenfälle und gewaltfrei. In den baltischen Republiken, in denen die nationale Bewegung heute mit Abstand am weitesten fortgeschritten ist, hat es bisher weder Tote noch Verletzte gegeben.[2] Zu Gewaltausbrüchen und Gewaltanwendung kam es dagegen in Transkaukasien und im sowjetischen Asien. Vor allem in und um Berg-Karabach und in einer Reihe von Städten Aserbaidschans forderten Pogrome eine große Zahl von Opfern. Die Bereitschaft, Gewalt anzuwenden, ist unter den islamischen Völkern erheblich größer als unter denen christlicher Tradition. Insgesamt sind von Februar 1988 bis Ende 1989 nach offiziellen Angaben über 200 Tote, nach inoffiziellen ein Mehrfaches davon zu beklagen. Tausende wurden verletzt. Die meisten Opfer forderten die Gewaltausbrüche der Aserbaidschaner gegen die Armenier, die Schießereien zwischen Georgiern und Abchasen sowie die hauptsächlich gegen die Mescheten gerichteten Pogrome im Fergana-Tal in Usbekistan im Juni 1989. Besonders gewaltsam verliefen also die Auseinandersetzungen zwischen den Angehörigen verschiedener nichtrussischer Völker; Russen waren an Gewaltausbrüchen bisher — außer als Angehörige der Ordnungskräfte — praktisch nicht beteiligt. Zum ersten Mal forderte der Einsatz der Armee bei der gewaltsamen Auflösung einer Demonstration in der georgischen Hauptstadt Tiflis am 9. April 1989 zwanzig Todesopfer.

Gewaltausbrüche verschärfen die Situation zusätzlich und verhindern politische Lösungen. Zwar sind auch sie Ausdruck der immer brüchiger werdenden Herrschaft der kommunistischen Partei, aber das Sowjetsystem ist mit seinen überlegenen Machtmitteln in der Lage, eine Konfrontation der Gewalt für sich zu entscheiden.

---

[2] H.-J. Uibopuu: Estland pocht auf seine Eigenständigkeit, in: Beiträge zur Konfliktforschung, 1/1989, S. 33-54; E. Levits, Lettland unter sowjetischer Herrschaft. Die politische Entwicklung 1940-1989, in: Beiträge zur Konfliktforschung, 3/1989, S. 101-130.

II. Fünf Regionen und die Auswanderungsbewegungen

Es gibt nicht *eine* nationale Frage in der Sowjetunion, sondern eine Vielzahl — nach Ursachen, Größenordnung und Lösungsmöglichkeiten — außerordentlich verschiedener nationaler Probleme. Dabei sind die nationalen Fragen kein Randproblem in der sowjetischen Gesellschaft, sondern ein zentraler Bereich der Innenpolitik. Über Erfolgsaussichten oder Scheitern jeder sowjetischen Politik wird in erheblichem Umfang auf diesem Feld entschieden. Dies wird schon daran deutlich, daß nach der im Januar 1989 durchgeführten letzten Volkszählung die Russen nur noch 50,8 % der Gesamtbevölkerung stellen. Die magische Zahl 50 %, die übrigens anfangs lediglich in einer estnischen Zeitung publiziert wurde,[3] ist vielleicht noch geschönt. In jedem Fall fällt der Anteil der Russen an der Gesamtbevölkerung weiter; der Prozentanteil der islamischen Völker steigt.

Um die Vielfalt und Differenziertheit der nationalen Probleme anschaulich zu machen, sollen fünf Regionen vorgestellt werden.

1. Das Baltikum

Die Unabhängigkeitsbewegung der Esten, Letten und Litauer hat seit 1987 sowohl innerhalb der Sowjetunion als auch im Ausland die meiste Aufmerksamkeit gefunden.[4] Dies ist verständlich, weil sich die nationalen Bewegungen hier von Anfang an überzeugend artikulierten, weil sie in demokratischen und friedlichen Bahnen verliefen und weil auch im Westen weitgehend anerkannt war, daß diese Völker Teil der lateinisch-europäischen Tradition sind. Viele Staaten Westeuropas und die Vereinigten Staaten von Amerika haben darüber hinaus die Annexionen von 1939/40 niemals anerkannt. Die Los-von-Moskau-Bewegung ist heute im Baltikum am weitesten fortgeschritten. Psychologisch ist der Austritt der Völker aus dem Verband der Sowjetunion bereits vollzogen. Die Vorreiterrolle spielt hierbei Litauen. Die Litauer sind mit drei Millionen Volkszugehörigen die größte baltische Nation; außerdem ist die Bevölkerung der Republik für sowjetische Verhältnisse in hohem Maß homogen; 80 % der Bevölkerung

---

[3] Rahva Haal: 19. September 1989; A. Sheehy, Russian share of Soviet population down to 50,8 percent, in: Report on the USSR, 20. Oktober 1989, S. 1-4.

[4] H.-J. Uibopuu: Estland pocht auf seine Eigenständigkeit, in: Beiträge zur Konfliktforschung, Nr. 1/1989, S. 33-54; E. Levits: Lettland unter sowjetischer Herrschaft. Die politische Entwicklung 1940-1989, in: Ebd., Nr. 3/1989, S. 101-130; V. S. Vardys: Litauen: Sowjetrepublik mit Widerwillen, in: Ebd., Nr. 4/1989, S. 85-98; V. S. Vardys: Lithuanian national politics, in: Problems of Communism, Juli/August 1989, S. 53-76; J. Dreifelds: Latvian national rebirth, in: Ebd., S. 77-94; R. Taagepera: Estonia's road to independence, in: Ebd., Nov./Dez. 1989, S. 11-26.

sind Litauer. In Estland und Lettland ist die Situation durch die massenhafte Zuwanderung von Russen nach dem Zweiten Weltkrieg in dieser Hinsicht erheblich komplizierter. Die Letten stellen nur noch wenig mehr als die Hälfte der Bevölkerung ihrer Republik.

In Litauen gab es schon seit Ende der sechziger Jahre eine massive Dissidenten- und Protestbewegung, die über eine breite Basis im Volk und in der katholischen Kirche verfügte. Verlangt wurden Religionsfreiheit, der Vorrang der litauischen vor der russischen Sprache im öffentlichen Leben, die Wiederzulassung einer eigenständigen litauischen Geschichte in Wissenschaft und Bildungswesen sowie die historische Wahrheit über die Geschichte des Baltikums im 20. Jahrhundert, die von der sowjetischen Geschichtsfälschung auf den Kopf gestellt worden war. Auch in Estland und Lettland entwickelten sich in den siebziger Jahren allerdings viel kleinere und weniger wirksame Dissidenten-Gruppen. Es begann überall mit kulturellen nationalen Forderungen. Damit verband sich der Protest gegen den Sprachen- und Kulturchauvinismus Hunderttausender eingewanderter Russen, die nicht bereit waren, die Landessprache zu lernen, von den Einheimischen dagegen mit Selbstverständlichkeit verlangten, daß sie des Russischen mächtig waren. In einer seit dem 19. Jahrhundert bei fast allen Nationalbewegungen klassischen Entwicklung vollzog sich dann die Wendung vom Kultur- zum politischen Nationalismus. In kleinen Dissidenten-Zirkeln im Baltikum wurde schon in der zweiten Hälfte der siebziger Jahre unmißverständlich der Austritt aus der Sowjetunion gefordert. Dissidenten-Programme sind seit 1987 Massenbewegungen geworden. Auch in dieser Hinsicht hat das Baltikum eine Vorreiterrolle für die gesamte Sowjetunion gespielt: Was 20 Jahre lang in — wie es manchen schien — unbedeutenden Bürgerrechts-Zirkeln diskutiert, gefordert und durchlitten wurde, ist heute zu einem nicht mehr wegzudenkenden Teil der Politik der Perestrojka geworden.[5]

2. Der Transkaukasus

In scharfem Gegensatz zum Baltikum wurden und werden die nationalen Konflikte im Transkaukasus auch mit Gewalt ausgetragen. Hauptgegner sind die Aserbaidschaner und Armenier. Gewaltsame Ausbrüche hat es aber auch zwischen Georgiern und Abchasiern sowie zwischen Georgiern und Osseten gegeben. Anders als in Estland und Lettland sind die Russen als Volkstum — abgesehen von den bewaffneten Streitkräften — von den Auseinandersetzungen nur in zweiter Linie betroffen, weil sie überall nur

---

[5] O. Luchterhandt: Die Bürgerrechtsbewegung als Vorläufer und Ferment der Reformen, in: Umbau des Sowjetsystems. herausgegeben von A. Kappeler, Stuttgart 1989, S. 111-145.

eine verhältnismäßig kleine Minderheit bilden. In Aserbaidschan und Georgien sind nur etwa 7 % der Bevölkerung Russen, in Armenien sogar nur 2 %. Am weitaus größten war bis zum Einmarsch der Sowjetarmee nach Baku und ganz Aserbaidschan seit dem 19. Januar 1990 die Zahl der Opfer unter der armenischen Minderheit in den Städten und Dörfern Aserbaidschans. Seit den Pogromen in Sumgait Ende Februar 1988 kam es immer wieder zu gewalttätigen Ausschreitungen gegen Armenier, die nach offiziellen Angaben 1988 und 1989 120 Tote und nach inoffiziellen Informationen weitaus mehr Opfer forderten.

Der Zentralmacht ist es nicht gelungen, den Konflik um Berg-Karabach politisch zu lösen. Zuletzt hat sie keine andere Möglichkeit mehr gesehen, als durch den massiven Einsatz auch der regulären Armee den Völkerkrieg niederzuhalten. Der Einsatz der Armee in diesem Umfang kommt einer politischen Bankrotterklärung gleich. Das Handeln und auch das Nichthandeln Moskaus in den vergangenen drei Jahren hat vor allem eine Konsequenz: Das Vertrauen und die Autorität Moskaus sind sowohl bei den Armeniern als auch bei den Aserbaidschanern auf Null gesunken. Keines der Völker in Transkaukasien — und das gilt auch für die Georgier — hat noch irgendeine Hoffnung darauf, daß ihre Probleme von und mit der Zentralmacht gelöst werden könnten. Sie sehen ihre Zukunftsperspektiven außerhalb der Sowjetunion.

Gescheitert ist vor allem der Versuch der Zentralmacht, das Problem mit Hilfe einer ausschließlich vom Zentrum abhängigen Sonderverwaltung für Berg-Karabach zu lösen, die von Januar bis November 1989 bestand. Eine politische Lösung in der Zukunft wird von den Betroffenen gesucht und ausgehandelt werden müssen. Bisher gibt es allerdings auf keiner Seite ausreichend legitimierte und mit entsprechender Autorität bei ihren Völkern ausgestattete Vertreter, die solche Aufgaben übernehmen könnten. Sie könnten nur aus der Allarmenischen Nationalen Bewegung und der Volksfront Aserbaidschans hervorgehen; die KP hat in beiden Republiken ihre Handlungsfähigkeit weitgehend eingebüßt. Die Zentralmacht hat jedoch bisher wesentlich dazu beigetragen, die Selbstorganisation der Nationen zu behindern.

3. Der Westen der Sowjetunion

1939/40 hat die UdSSR außer den baltischen Staaten das westliche Weißrußland, die westliche Ukraine und Bessarabien annektiert. Auch nach einem halben Jahrhundert ist die Integration dieser Gebiete nicht gelungen, sie sind vielmehr zum Herd separatistischer Bestrebungen geworden. In der Moldau-Republik hat sich 1989 in kurzer Zeit eine kräftige Volksfront-Bewegung formiert, die den rumänischen Volksteil — etwa 65 % der Bevölkerung der Republik — offenbar weitgehend hinter sich hat.[6] Während es bis zum Sturz der Ceausescu-Diktatur keine offene Anschluß-Bewegung gab, hat sich danach innerhalb weniger Wochen die Nationalbewegung in Bessarabien radikalisiert. Es bleibt abzuwarten, ob sich auf die Dauer eine politisch handlungsfähige Anschluß-Bewegung bilden wird.

In Galizien formiert sich offen der politische Wille zur politischen Unabhängigkeit der Ukraine. Von hier aus greift der Funke auch auf die östliche Ukraine über, wo er allerdings bisher noch nicht zur offenen Flamme geworden ist. Getragen wird die Forderung nach politischer Loslösung der Ukraine von der Helsinki-Gesellschaft und anderen Organisationen. Die ukrainische Volksfront „Ruch" (Bewegung) — die derzeit bedeutendste oppositionelle politische Organisation in der Ukraine — vertritt bisher nicht eindeutig separatistische Ziele, sie arbeitet aber mit Gruppierungen zusammen, die das tun.[7]

Weißrußland war die am stärksten russifizierte und am besten integrierte Republik. Selbst hier fordert die im Juni 1989 gegründete Volksfront „Adradzhenne" (Wiedergeburt) ein Maximum an Souveränität für die eigene Republik — bislang allerdings innerhalb des Verbandes der Union. Die Wahlplattform der „Adradzhenne" für die Wahlen zum Obersten Sowjet in Weißrußland im März 1990 enthält im übrigen eine überaus scharf formulierte Absage an den Machtanspruch der Kommunistischen Partei, an die Planwirtschaft und den Zentralismus im allgemeinen. Die Volksfront Weißrußlands fordert ein Mehrparteiensystem, Gewaltenteilung und Marktwirtschaft. Sie steht mit diesen Programmpunkten ganz in der Tradition der baltischen Volksfronten.[8]

Sollte der Separatismus tatsächlich in der Ukraine zu einer bedeutenden politischen Kraft werden, so wäre dies für Moskau eine viel weitergehende politische Herausforderung als Abspaltungsbestrebungen im Baltikum oder im Transkaukasus. Die Ukraine ist mit über 50 Millionen Einwohnern nach der RSFSR die mit Abstand größte und auch wirtschaftlich bedeutendste nationale Unionsrepublik. Der größte Teil der heutigen Ukraine ist seit Mitte des 17. Jahrhunderts Bestandteil des Russischen Reiches.

---

[6] V. Socor: Mass protests and „exceptional measures" in Kishinev, in: Report on the USSR, 17. November 1989, S. 21-24.

[7] I. Drač: „I somnenija, i chloboty — vse est in . . .", in: Molod Ukrajini, 16. November 1989; T. Kuzio: Unofficial groups and publications in Ukraine, in: Report on the USSR, 24. November 1989, S. 10-21.

[8] W. Stankievich: Belorussian popular front announces its electoral platform, in: Report on the USSR, 21. Januar 1990, S. 20-23.

4. Zentralasien

Die fünf islamischen Republiken Zentralasiens sind aus kolonialen Eroberungen des Russischen Reichs hervorgegangen. Ihnen hat die Zugehörigkeit zur Sowjetunion den Weg in die Moderne eröffnet. Nimmt man den Bildungsstand, das Gesundheitswesen oder die Verkehrserschließung als Maßstab, so sind die Usbeken oder Tadzhiken in der Sowjetunion sehr viel besser entwickelt als ihre Landsleute in Afghanistan. Der Preis war allerdings hoch: die russische Herrschaft. Bisher gibt es in Zentralasien keine separatistischen Bestrebungen; die Forderungen richten sich vielmehr auf eine bessere Berücksichtigung der ökonomischen Belange dieser Region durch die Zentralmacht und auf mehr kulturelle Autonomie. Dabei wächst die Entfremdung gegenüber dem europäischen Rußland durch Islamisierug. Mit Islamisierung ist hier nicht in erster Linie das Vordringen des islamischen Fundamentalismus gemeint, sondern das immer stärkere Gewicht, das dem Islam als Lebensform, als Kultur und auch als religiöser Ritus zukommt. Auch in dieser Region ist das „Sowjetvolk" zu einem Phantom geworden. Zentralasien wird von einer schweren sozialen und wirtschaftlichen Krise geschüttelt, die ganz spezifische Züge hat: Hohe und weiter wachsende Jugendarbeitslosigkeit aufgrund der demographischen Explosion der vergangenen Jahrzehnte, Baumwollmonokultur mit zurückgehenden Ernteerträgen und Versalzung der überdüngten Böden sowie ein erhebliches Zurückbleiben bei der Industrialisierung. Im Unterschied zu anderen Teilen der Sowjetunion scheint das Machtmonopol des Parteiapparats hier noch relativ unangefochten zu sein. Anstöße in Richtung auf Demokratie und liberalen Rechtsstaat gehen von Zentralasien nicht aus.

5. Rußland

Sind die Russen das herrschende Volk in der Sowjetunion? Sind ihr Nationalbewußtsein und Patriotismus befriedigt und zur Ruhe gekommen? Ohne Zweifel beherrschen die Russen die Machteliten im Zentrum. Die Führungsorgane der Partei und des Staates sind ganz überwiegend mit Russen besetzt; im letzten Jahrzehnt ist ihr Übergewicht dort sogar deutlich gewachsen und hat wieder den Stand der Stalinzeit erreicht. Die russische Sprache hat (noch) eine beherrschende Stellung im öffentlichen Leben der gesamten Sowjetunion. Dennoch kann keine Rede davon sein, daß die russische Nation insgesamt privilegiert wäre. Russische Kultur, Tradition und Geistigkeit haben genauso unter Bolschewisierung und Stalinismus gelitten wie die Kulturen anderer Völker. So ist der russische Nationalismus ebenso unbefriedigt wie der anderer Nationen in der Sowjetunion. Alle sind unzufrieden. Die Russen klagen über die ungeheuren Kosten, die sie für die wirtschaftliche Entwicklung der asiatischen Landesteile aufbringen sollen, die ihnen doch nur mit „kolonialer Undankbarkeit" (Seton-Watson) antworten. Sie verweisen auf die Armut und Hoffnungslosigkeit der russischen Provinz, die Entvölkerung Zentralrußlands, die Verarmung und Verelendung des russischen Dorfes; verglichen damit sind der Kaukasus oder die Ukraine wohlhabend.[9]

Wie bei anderen Völkern wächst auch bei den Russen seit Jahrzehnten das Nationalbewußtsein. Das gilt insbesondere für die Intelligenz. Zu einer geschlossenen politischen Bewegung ist es dennoch bis heute nicht gekommen. Es ist nicht verwunderlich, daß eine Großgesellschaft von mehr als 140 Millionen Menschen, die über ein riesiges Territorium verteilt leben, nicht leicht zu einigen ist. Die Ansätze zur Ausformung des russischen Nationalbewußtseins reichen heute von einem faschistoiden Rassismus auf der einen Seite (Gesellschaft „Pamjat" — „Erinnerung") bis zu radikal-liberalen Strömungen („Demokratičeskij sojuz" — „Demokratischer Bund") auf der anderen. Allerdings haben sich zunächst die konservativen bis reaktionären Kräfte weitaus stärker formiert als die demokratischen. Die bedeutendste Gruppierung in diesem Spektrum ist wohl der „Block der gesellschaftlich-patriotischen Bewegungen Rußlands", der sich im Dezember 1989 zusammengeschlossen hat. Die Wahlplattform dieses „Blocks" ist ein Manifest für die Weltmacht Sowjetunion, eine Kampfschrift gegen jede Art von Separatismus und ein Aufruf, sich mit den Konservativen in der KPdSU zusammenzuschließen, um den Radikalen in der Partei die Stirn zu bieten, die den Sozialismus gefährden.[10] Tiefsitzende anti-westliche Ressentiments prägen viele russische Nationalisten. Für sie ist der Westen der Inbegriff von Primitivkultur, Pornographie und Egoismus, die alle Solidarität und Geistigkeit zerstören. Demokratie wird als das Diktat der leicht beeinflußbaren Masse mit Mißtrauen betrachtet, oder aber das russische Volk wird als für die Demokratie noch nicht reif eingestuft. Allerdings hat sich bei den Wahlen im Frühjahr 1990 gezeigt, daß die reaktionären russischen Nationalisten über keine Massenbasis verfügen. Die demokratischen Kräfte — mit der Symbolfigur Jelzin an der Spitze — haben sich nach ihren erstaunlichen Wahlerfolgen bewußt den russischen nationalen Anliegen zugewandt, so daß begründete Hoffnung besteht, daß es auch in Rußland — jedenfalls teilweise — zu einer Verbindung von Nationalismus und Demokratie kommt.

---

[9] R. Szporluk: Dilemmas of Russian nationalism, in: Problems of Communism, Juli/August 1989, S. 15-35.

[10] Za politiku narodnogo soglasija i rossijskogo vozroždenija, in: Literaturnaja Rossija, 29. Dezember 1989.

6. Die Auswanderungsbewegungen

Ein weiteres, ganz anders gelagertes nationales Problem sind die Auswanderungsbewegungen bestimmter Völker aus der Sowjetunion. Seit Ende der sechziger Jahre haben sich solche Bewegungen insbesondere bei den Juden, Deutschen und Armeniern formiert. Hunderttausende haben inzwischen das Land verlassen.[11] Seit 1988 haben die Auswanderungszahlen bei den Deutschen und Juden zuvor nicht gekannte Rekordhöhen erreicht; etwa 100 000 Deutsche und ungefähr 70 000 Juden verließen allein 1989 die Sowjetunion. Perestrojka und Glasnost haben also nicht dazu geführt, daß die Menschen im Land bleiben wollen. Die Auswanderungserlaubnis für einige hat im Gegenteil bei immer mehr Menschen Wunsch und Entschlossenheit ausgelöst, ebenfalls der Sowjetunion den Rücken zu kehren. Die Regierung versucht, der Auswanderungsbewegung mit einer Reihe von Maßnahmen entgegenzutreten. So soll etwa die Autonome Republik der Wolgadeutschen wiederhergestellt werden, die bis zur Deportation der Deutschen zu Beginn des deutsch-sowjetischen Krieges 1941 bestanden hatte. Dagegen formiert sich allerdings massiver Widerstand der Russen in den Gebieten Saratow und Wolgograd, auf deren Territorium die Wolgarepublik lag. Die Deutschen verlassen die Sowjetunion, weil sie keine Möglichkeit mehr zur Bewahrung ihrer Sprache, Kultur und Eigenart sehen in einem Land, das ihnen im 18. und 19. Jahrhundert geradezu ideale Möglichkeiten dafür geboten hatte.[12]

III. Die Ursachen

Wie ist es zu erklären, daß sich gerade jetzt die nationalen Konflikte zuspitzen? In weit voneinander entfernt liegenden Regionen, bei Völkern ganz unterschiedlicher Größe, Geschichte und Kultur brechen die Konflikte nahezu gleichzeitig aus. Dabei wurden hier nur die wichtigsten akuten oder potentiellen Konfliktherde genannt.

Tatsächlich ist die nationale Frage inzwischen flächendeckend fast überall in der Sowjetunion in ein akutes Stadium getreten. Sogar die kleinen Völker des Hohen Nordens und des Fernen Ostens, die nur einige zehntausend Menschen zählen, beklagen den Verlust ihres angestammten Lebensraums durch die Industrialisierung und ihrer Sprachen durch Überfremdung von seiten des Russischen.[13] Fragt man nach den Gründen, so sind zwei

---

[11] S. Heitman: Soviet emigration since Gorbachev, in: Berichte des Bundesinstituts für ostwissenschaftliche und internationale Studien (BIOst), Nr. 62/1989.

[12] Die Deutschen im Russischen Reich und im Sowjetstaat, herausgegeben von H. Kappeler / B. Meissner / G. Simon, Köln 1987.

[13] U. Halbach: Ethnische Beziehungen in der Sowjetunion und nationale Bewußtseinsprozesse bei Nichtrussen, in: Berichte des BIOst, Nr. 8/1989.

Ursachenbündel voneinander zu unterscheiden: Da sind zum einen die längerfristigen Ursachen und zum anderen die Perestrojka-gemachten.

Die langfristigen Entwicklungen, die seit Jahrzehnten zu einem Anwachsen des nationalen Bewußtseins bei den meisten Völkern der Sowjetunion geführt haben, sind souverän mißachtet worden. Wesentliche Schuld daran trägt die Sowjetideologie. Die Ideologie war wie eine Binde, die man sich vor die Augen zieht. Die Wirklichkeit wurde kaum noch wahrgenommen, an ihre Stelle traten die Doktrin, Wunschvorstellungen und Propaganda. Das Ergebnis war nicht nur Betrug der Öffentlichkeit, sondern auch Selbstbetrug. Die leninistische Doktrin hatte seit den dreißiger Jahren verkündet, das Nationalitätenproblem im ersten Land des Sozialismus sei „gelöst". Die „sozialistischen Nationen" würden immer homogener, rückten immer näher aneinander und würden schließlich in einer ferneren kommunistischen Zukunft alle miteinander „verschmelzen". Die Ideologie hatte den Nationalismus einfach zu einem Attribut der kapitalistischen Gesellschaftsordnung erklärt, das mit der erfolgreichen Revolution im Prinzip besiegt sei. Die Sowjetunion behauptete bis in die achtziger Jahre hinein nicht nur, daß sie das nationale Problem erfolgreich gelöst habe, sondern daß diese Lösung Vorbildwirkung auf der ganzen Welt beanspruchen könne. Hinter diesem Nebelvorhang der Ideologie brauten sich über Jahrzehnte hin die Konflikte zusammen.

Die wichtigste Ursache für die Zunahme des nationalen Bewußtseins war das Heranwachsen einer neuen sozialen Trägerschicht für Nationalismus. Der sehr rasche Aufbau eines allgemeinbildenden Schulwesens und eines berufsbezogenen Ausbildungswesens in allen Teilen des riesigen Reiches hat zum Heranwachsen zahlenmäßig großer Bildungsschichten bei allen Völkern innerhalb von wenigen Jahrzehnten geführt. Aber entgegen den aus der Ideologie abgeleiteten Erwartungen ließen sich diese Bildungsschichten nicht in eine homogene, strukturlose Sowjetgesellschaft einschmelzen. Sie identifizierten sich je länger, um so mehr mit den nationalen Traditionen, Kulturen und dann auch politischen Forderungen ihrer jeweiligen Völker. Die Loyalität eines estnischen Arztes, eines russischen Facharbeiters oder eines aserbaidschanischen Dichters galt nicht einer von der Ideologie mythologisierten Klasse, sondern der eigenen Nation. In welchem enormen Tempo die neuen Bildungsschichten heranwuchsen, sei nur an wenigen Zahlen verdeutlicht: 1927/28 gab es 74 000 nichtrussische Hochschulstudenten, ihre Zahl erreichte 1959/60 500 000 und 1980/81 2,2 Millionen (einschließlich der Fernstudenten). Menschen aus diesen Schichten sind inzwischen die hauptsächlichen Träger des neuen Ethno-Nationalismus. Sie sind — je länger, um so mehr — in der Lage, ganze Nationen oder doch wesentliche Teile von ihnen politisch zu mobilisieren.[14]

---

[14] G. Simon: Nationalismus und Nationalitätenpolitik in der Sowjetunion, Baden-Baden 1986, S. 299 ff.

Darüber hinaus drängen die neuen Bildungsschichten überall in die Führungspositionen ihrer Republiken. Es gibt heute zum ersten Mal genügend usbekische Ärzte, turkmenische Lehrer und ukrainische Ingenieure; man baucht in diesen Berufen keine Russen mehr wie noch vor 50 Jahren. So vollzieht sich in der Sowjetunion schon seit Jahrzehnten ein bisher eher schleichender Prozeß der Entkolonialisierung, der erst in der zweiten Hälfte der achtziger Jahre in eine militante und politische Phase eingetreten ist. Der beschriebene sozialgeschichtliche Wandlungsprozeß hat dazu geführt, daß die meisten Nationen heute kulturell, bewußtseinsmäßig und im Blick auf ihre Sozialstruktur fester gefügt sind als zu Beginn der Sowjetmacht. Eine Partei also und eine Ideologie, die mit dem Anspruch angetreten waren, das Nationalbewußtsein zugunsten des Klassenbewußtseins endgültig auf den Kehrichthaufen der Geschichte zu befördern, haben entgegen den eigenen Intentionen wesentlich zur Nationsbildung beigetragen.

Das Heranwachsen eigener nationaler Bildungsschichten und ihr Ethno-Nationalismus stellen die Zentralmacht vor eine grundsätzlich neue Situation, die so bisher zu keiner Zeit, weder im Russischen Reich vor 1917 noch danach, bestanden hat. Die Sowjetunion ist ohne die Mitwirkung der nationalen Eliten heute nicht mehr zu regieren. Die Zeit, in der das Vielvölkerreich durch die natürliche Klammer russischer Führungskader zusammengehalten werden konnte, ist vorbei.

Außer dem Heranwachsen der neue nationalen Bildungsschichten wirken weitere Faktoren in Richtung auf die Verstärkung des nationalen Eigenbewußtseins. Die Weltanschauung des Marxismus-Leninismus ist zusammengebrochen. So hat sich ein großes geistiges Vakuum aufgetan, in das nationales Gedankengut und nationale Wertvorstellungen einströmen.

Auch die krisenhafte wirtschaftliche Entwicklung seit Mitte der siebziger Jahre verstärkt den Ethno-Nationalismus. Nationale Spannungen und Konflikte haben stets auch eine soziale Komponente. Das gegen Null tendierende Wirtschaftswachstum und der Rückgang des Lebensstandards seit etwa zehn Jahren haben das soziale Klima im Land erheblich verschärft. Arbeitslosigkeit, miserable Wohnverhältnisse und die allgegenwärtigen Versorgungsmängel schlagen in nationale Ressentiments und Feindseligkeit um.

Zu den längerfristigen Ursachen für den wachsenden Nationalismus treten die Perestrojka-bedingten. Glasnost und das Tauwetter in der Kultur- und Medienpolitik haben wesentlich zur Verschärfung der nationalen Frage beigetagen. Gorbatschows Aufforderung zur schonungslosen Analyse der Gegenwart mußte die Nationen ermuntern, lange zurückgestauten Groll und Frustration zu artikulieren. Nachlassende Repressalien und Angst sowie die Aufforderung zum aufrechten Gang wirkten zusammen und brachten seit langem schwelende Konflikte an die Oberfläche. Außerdem traten in der zweiten Hälfte der achtziger Jahre zu den klassischen Verbündeten des Nationalismus — wie soziale Spannungen und Wirtschaftskrise — zwei neue Koalitions-Partner hinzu, die sich bisher so mit dem Nationalismus nicht verbunden hatten: das ökologische Bewußtsein und der Anti-Stalinismus.

Die Öko-Bewegung ist überall zu einem mächtigen Schwungrad des nationalen Bewußtseins geworden. Die Empörung über die Katastrophe von Tschernobyl, die Verschmutzung des Baikalsees oder über die Austrocknung des Aralsees verbindet sich mit dem Protest gegen die unfähige zentrale Planung und gegen die Zentralmacht überhaupt. Eine Besserung der Lage kann — nach Einschätzung der Öko-Bewegung — nur aus der Eigeninitiative vor Ort kommen. Nur eine Rückbesinnung auf die Nation als handelndes Subjekt in Geschichte und Politik vermag Schutz zu bieten vor der allmächtigen, zerstörerischen Bürokratie, die ohne Rücksicht auf die betroffenen Menschen die Natur und ihre Ressourcen verbraucht.

Der Anti-Stalinismus ist eine treibende Kraft bei der gegenwärtigen Selbstreinigung und Selbstauflösung des sowjetischen Systems. Bei vielen Völkern verleiht er der nationalen Bewegung zusätzliche Schubkraft. Das gilt zuerst für die baltischen Völker, für die Entstalinisierung gleichbedeutend mit dem Austritt aus der Sowjetunion ist, denn sie vertreten den Standpunkt, daß ihre gewaltsame Einverleibung in die Sowjetunion ausschließlich die Folge des Stalinschen Unrechtsregimes gewesen ist. Der Anti-Stalinismus stand aber auch als treibende Kraft hinter der Entstehung der Volksfront in Weißrußland. Die Entdeckung der Massengräber in Kuropaty bei Minsk, in denen weit mehr als 100 000 Tote ruhen, die zwischen 1937 und 1941 vom NKWD erschossen worden waren, hat die Öffentlichkeit zutiefst aufgewühlt.[15]

Bei der Betrachtung der Ursachen für die gegenwärtigen offenen nationalen Konflikte muß jedoch noch ein weiterer Bereich einbezogen werden: die Nationalitätenpolitik von Partei und Staat. Die KPdSU steht heute vor dem Scherbenhaufen ihrer Nationalitätenpolitik. Dabei geht es keineswegs nur um die Nationalitätenpolitik Stalins mit ihren gewaltsamen Eingriffen, der Deportation ganzer Völker und der Annexion großer Territorien im Westen der Sowjetunion. Gescheitert sind vielmehr Grundsätze und Ziele dieser Politik, die bis in die allerletzten Jahre hinein vertreten und verfolgt wurden. Dies soll am Beispiel der Migrations- und der Sprachenpolitik verdeutlicht werden. Seit Ende der zwanziger Jahre hat die Partei eine Migrationspolitik betrieben, die zwei Ziele verfolgte: die Ausbreitung der Russen in der ganzen Union und darüber hinaus eine möglichst hochgradige Vermischung

---

[15] Kuropaty — narodnaja tragedija, o kotoroj dolžny znat vse, in: Moskovskie novosti, Nr. 41, 9. Oktober 1988; A. Adamovič: Ogljanis okrest!, in: Ogonek, Nr. 39/1988, S. 28-30; V. Bykov: Dubinki protiv glasnosti?, in: Ogonek, Nr. 47, November 1988, S. 31.

der Völker durch Wanderungsbewegungen. In fast allen Landesteilen ist der Bevölkerungsanteil der Russen erheblich angestiegen. Der Anteil der Russen an der Bevölkerung außerhalb der heutigen Grenzen der RSFSR betrug 1926 8,6 % und stieg bis 1959 auf 17,8 %. Heute leben etwa 25 Millionen Russen außerhalb der RSFSR. Die tatsächliche Bedeutung dieser riesigen Wanderungswelle der Russen in fast alle Teile des Landes ist noch bedeutsamer als es die Zahlen allein erkennen lassen, denn es handelte sich zum überwiegenden Teil um Fachkräfte aus allen Bereichen, die von Rußland aus an die Peripherie gingen. Die russischen Kader waren als die natürliche Klammer des Imperiums und als die Agenten der Zentralmacht in den nichtrussischen Republiken gedacht. Sie haben über Jahrzehnte diese Funktion erfüllt.[16] Sie haben aber auch zugleich antizentralistischen und antirussischen Widerstand provoziert. Die russische Einwanderung ist zu einem der Hauptanstöße für die nationalen Bewegungen der Nichtrussen geworden. Schon seit den sechziger Jahren gibt es deshalb aus bestimmten Unionsrepubliken eine Netto-Abwanderung von Russen, die sich in den achtziger Jahren weiter beschleunigt und ausgebreitet hat. Es ist davon auszugehen, daß sich mit dem Erstarken der Autonomie- und Selbständigkeitsbewegungen die Rückwanderung der Russen verstärken wird. Russen begegnen in immer mehr Landesteilen offener Ablehnung durch die Einheimischen.

Aber auch das andere Ziel der Migrationspolitik, möglichst überall einen bunten Flickenteppich der Völker zu schaffen, hat nicht Entlastung, sondern Verschärfung der Konflikte gebracht. Es war ein sozialpsychologischer Irrtum zu glauben, allein durch möglichst enge Berührung würden die Völker einander näherkommen, und die Völkerfreundschaft sei sozusagen die mechanische und zwangsläufige Folge von intensiven Kontakten miteinander.

Die Sprachenpolitik war seit Mitte der dreißiger Jahre darauf gerichtet, dem Russischen in möglichst vielen Bereichen des öffentlichen Lebens zum Durchbruch zu verhelfen und die anderen Sprachen auch mit Hilfe administrativer Eingriffe in der Tendenz auf die Funktion von Privat- und Familiensprachen zu begrenzen. Noch in der zweiten Hälfte der siebziger Jahre sind neue aggressive Maßnahmen in der Sprachenpolitik ergriffen worden. Damals wurde das Ziel formuliert, nach und nach das Russische zur einzigen Unterrichtssprache an den Hochschulen zu machen. Ebenso wurde seit dieser Zeit mit dem Russischunterricht bereits in den nationalen Kindergärten begonnen, d. h. zu einem Zeitpunkt, zu dem die Kinder noch nicht sicher in ihrer Muttersprache sind.[17] Gerade diese aggressive Sprachenpolitik in der Spätzeit Brezhnews hat das Gegenteil von dem bewirkt, was erreicht

---

[16] G. Simon: Nationalismus und Nationalitätenpolitik, S. 135 ff.
[17] Ebenda, S. 369 ff.

werden sollte. Viele Völker hielten ihre nationalen Sprachen für bedroht und reagierten mit Widerstand. Sobald Glasnost die Zensur auch nur ein wenig gelockert hatte, wurde allenthalben der gesetzliche Schutz für die Nationalsprachen und eine Beschränkung des Russischen im öffentlichen Leben gefordert. Inzwischen sind in fast allen Unionsrepubliken Gesetze und Verfassungsänderungen verabschiedet worden, in denen die jeweilige Nationalsprache zur Staatssprache auf dem eigenen Territorium erklärt wird.[18] Zwar unterscheiden sich die neuen Staatssprache-Bestimmungen im Detail beträchtlich voneinander, dennoch stimmen sie in einer Zielrichtung weitgehend miteinander überein: Für die Ausübung von Funktionen im öffentlichen Dienst oder für die Ausfüllung irgendwelcher Führungspositionen ist in Zukunft die Kenntnis der Landessprache unersetzlich. Mit anderen Worten, nicht nur die Russen, sondern auch *das* Russische werden in Zukunft keine führende Rolle mehr spielen können.

Insgesamt ergibt sich als Resultat, daß die bisherigen Instrumente der Nationalitätenpolitik — und zwar sowohl diejenigen aus der Stalin-Zeit als auch jene aus den Jahrzehnten danach — heute nicht mehr wirksam eingesetzt werden können. Die Situation verschärft sich dadurch, daß neue Instrumente zur Regierung des Vielvölkerstaates im Rahmen des sowjetischen Sozialismus bisher nicht entwickelt worden sind. Wahrscheinlich gibt es solche Instrumente auch nicht. Die Folge ist, daß die Sowjetunion immer stärker in den Zustand der Unregierbarkeit hineintreibt.

IV. Die Krise des politischen Systems und die Symptome des Zerfalls

Die Unregierbarkeit gewinnt dadurch eine zusätzliche Dimension und Dramatik, daß sie sich auf dem Hintergrund einer Krise des gesamten politischen Systems abspielt. Diese Systemkrise reicht sehr viel weiter als der Leistungsverfall der Wirtschaft. Die KPdSU ist nicht mehr regierungsfähig. Die Partei befindet sich seit den sechziger Jahren in einer latenten Legitimationskrise, die seit einigen Jahren in ihr akutes Stadium eingetreten ist. In immer mehr und immer größeren Gruppen der Gesellschaft werden Herrschaft und Diktatur der einen Partei nicht mehr akzeptiert. Die Kommunistische Partei bezog ihre Legitimität aus dem Krieg, den sie im Inneren und nach außen führte. Als die Partei gewaltsamen Umwälzungen abschwor und der Gesellschaft ein Friedensangebot machte — das geschah unter

---

[18] E. Daily: Report on the states of non-Russian languages in the USSR, in: Report on the USSR, 28 July 1989, S. 26-28; State status for national languages — recent developments, in: Central Asia and Caucasus Chronicle, VIII, Nr. 4, August 1989, S. 10-13.

Chruschtschow —, unterhöhlte sie damit ihre eigene Legitimität. Für eine revolutionäre Partei, die keine Revolution mehr macht, gibt es keine Legitimität. Hinzu kamen der Friede nach außen und die Politik der Entspannung. Die Normalisierung also der Verhältnisse im Innern und nach außen entzieht der Einpartei-Diktatur ihre Grundlage.

Die Unfähigkeit der Kommunistischen Parteien zu regieren, hat sich in den vergangenen Jahren zuerst in den Ländern Ostmitteleuropas gezeigt. Inzwischen hat die akute Krise des politischen Systems auf viele nichtrussische Randrepubliken der Sowjetunion übergegriffen. Es ist nur eine Frage der Zeit, wann sie das Zentrum erreichen wird. Der Film läuft sozusagen rückwärts. So wie sich einmal die Revolution vom russischen Machtzentrum aus auf das ganze Russische Reich und dann auf Ostmitteleuropa ausgebreitet hat, so bricht jetzt das revolutionäre Regime zuerst an den Rändern zusammen, und der Zusammenbruch zieht immer engere Kreise um das Zentrum.

In den Unionsrepubliken ist die politische Krise seit 1987 immer deutlicher in ein akutes Stadium eingetreten und hat sich in schnellem Tempo radikalisiert. Als die Volksfronten im Baltikum im Oktober 1988 ihre Gründungskongresse abhielten und ihre Programme verabschiedeten, waren sie damals die radikalsten öffentlich wirkenden Organisationen. Aber selbst sie scheuten sich, zwei Forderungen in ihre Programme aufzunehmen: die Einführung des Mehrparteiensystems und den Austritt aus der UdSSR. Nach wenig mehr als einem Jahr wurden diese Forderungen nicht nur von den noch immer in der Opposition agierenden Volksfronten, sondern teilweise von den kommunistischen Parteiführungen in den baltischen Republiken selbst vertreten. In allen drei baltischen Republiken entsteht seit 1989 ein Mehrparteiensystem.[19]

Die Krise des politischen Systems hat insbesondere zwei Aspekte: Die Aushöhlung der überkommenen politischen Herrschaftsstrukturen und das Entstehen neuer politischer Institutionen, das man als die Selbstorganisation der Nationen bezeichnen kann.[20]

1. Erstaunlich war die mangelnde Widerstandsfähigkeit der Partei- und Sowjetorgane gegenüber der nationalen Bewegung. In Armenien gingen sie de facto schon im Februar 1988 auf die Seite der armenischen Nationalbewegung über. Dieser Prozeß wiederholte sich, wenn auch in weniger spektakulärer und mehr allmählicher Form in den Jahren 1988 und 1989 in den drei baltischen Unionsrepubliken. Ende 1989 und zu Beginn des Jahres 1990 wurde im bewaffneten Drei-Fronten-Kampf in Transkaukasien deutlich, daß

---

[19] NZZ, 23. Dezember 1989.
[20] G. Simon: Die nationale Frage — Motor oder Bremse der Perestrojka?, in: Umbau des Sowjetsystems, S. 80-110.

auch in Aserbaidschan die Kommunistische Partei praktisch nicht mehr handlungsfähig war. Das wichtigste Organisationsprinzip der Partei Leninschen Typs, der demokratische Zentralismus, funktioniert nicht mehr. Der demokratische Zentralismus besagt, daß alle wesentlichen und Tausende von unwesentlichen Entscheidungen an der Spitze getroffen werden und von den unteren Organen auszuführen sind. Das Politbüro war seit 1989 im Baltikum und im gesamten Transkaukasus, d. h. einschließlich Georgiens, nicht mehr handlungsfähig. In Moskau getroffene Entscheidungen wurden dort nicht, oder allenfalls nur insoweit, als sie den örtlichen Organen akzeptabel erschienen, ausgeführt.

Dies war der entscheidende Grund für das bewaffnete Eingreifen auch regulärer Armee-Einheiten in Aserbaidschan am 19. Januar 1990: Sie sollten die Übernahme der politischen Macht durch die Volksfront Aserbaidschans verhindern, die bereits erheblich fortgeschritten war, und den Parteiapparat wieder in seine Herrschaftsfunktionen einsetzen. Die Aufgabe, weitere Armenierpogrome in Aserbaidschan zu unterbinden und die bewaffneten Auseinandersetzungen zwischen Armeniern und Aserbaidschanern zu beenden, war allenfalls zweitrangig und diente vor allem zur Rechtfertigung des Einmarsches.[21]

In anderen Unionsrepubliken haben die Parteiorgane dagegen der nationalen Bewegung hinhaltenden Widerstand geleistet und tun dies zum Teil bis heute. Das gilt insbesondere für die Ukraine und Weißrußland, aber auch für die republikanischen Parteiorgane in Zentralasien. Die weißrussische Volksfront mußte ihren Gründungskongreß im Juni 1989 in der litauischen Hauptstadt Wilna abhalten, weil die weißrussischen Behörden die Organisation der Veranstaltung in Minsk unmöglich gemacht hatten.[22] Die weißrussischen Parteiorgane faßten darüber hinaus einen Unvereinbarkeitsbeschluß, nachdem die Mitgliedschaft in der Partei und in der Volksfront einander ausschlossen. Während im Baltikum inzwischen ein Teil der Massenmedien frei arbeitet und für sie die Zensur de facto nicht mehr besteht, waren die nationalen Bewegungen in Weißrußland und in der Ukraine bis ins Jahr 1990 hinein im wesentlichen auf den Samisdat angewiesen.

2. Ebenso wie der Verfall der alten, ist auch der Aufbau neuer politischer Institutionen unterschiedlich weit fortgeschritten. Die neuen politischen Institutionen sind überall aus der Massenmobilisierung der Bevölkerung oder im Zusammenhang mit ihr hervorgegangen. Die Demonstrationen Hunderttausender seit Februar 1988 markierten eine neue Dimension der nationalen Bewegung. Manifestationen der Massen sind noch keine neuen

---

[21] Baku: čto dalše?, in: Moskovskie novosti, 28. Januar 1990; NZZ, 25. Januar 1990.

[22] K. Mihalisko: Belorussian Popular Front holds founding congress in Vilnius, in: Report on the USSR, 14. Juli 1989, S. 13-16.

politischen Strukturen, aber sie haben die Voraussetzung für ihr Entstehen geschaffen.

Herzstück der neuen politischen Struktur sind die Volksfronten, die 1988 zunächst im Baltikum entstanden und dann in vielen Republiken Nachahmung fanden. Inzwischen gibt es in allen westlichen und in den drei transkaukasischen Unionsrepubliken solche Einrichtungen, in Zentralasien besteht eine Volksfront allerdings bisher nur in Usbekistan („Birlik" — „Einheit"); in Kasachstan, Kirgisien und Tadzhikistan gibt es allenfalls Ansätze zur Bildung von Volksfronten. Die Volksfronten sind Sammlungsbewegungen, die eine größere Zahl unterschiedlicher politischer Gruppierungen vereinigen. Sie sind deshalb mit dem „Demokratischen Forum" in Ungarn oder dem „Neuen Forum" in der DDR vergleichbar. Den Zusammenhalt der Volksfronten gewährleisten der gemeinsame Bezug auf die Nation und die Entschlossenheit zur Ablösung des bisherigen politischen und wirtschaftlichen Systems. Es ist denkbar, daß die Volksfronten nur eine begrenzte politische Lebensdauer haben werden und sich mit der Zeit in einem unterschiedlichen Spektrum politischer Parteien auflösen werden. Zunächst haben sie sich jedoch als eine optimale Institution unter den Handlungsbedingungen in der Sowjetunion erwiesen. Sonst hätte die von den Balten entwickelte Institution nicht auf dem Boden der islamischen Völker Nachahmung finden können. Inzwischen gibt es auch in Rußland eine Volksfront, die allerdings nicht zur Dachorganisation der gesamten neuen politischen Bewegung hat werden können. Neben den Volksfronten bestehen vielfach radikale politische Gruppierungen, die in den Unionsrepubliken von Anfang an den Austritt aus der Sowjetunion gefordert haben.

Welche Schritte haben die nationalen Bewegungen bisher unternommen, um ihre politischen Ziele zu realisieren oder ihnen jedenfalls näherzukommen? Das Zauberwort, mit dem die nationalen Bewegungen seit 1988 ihre Forderungen bezeichnen, heißt Souveränität. Dieser Terminus hat große suggestive Kraft, und vor allem ist er durch die sowjetische Verfassung gedeckt, die den Unionsrepubliken ausdrücklich Eigenstaatlichkeit und Souveränität zuerkennt. Natürlich war das, wie vieles andere in der sowjetischen Verfassung, bisher ein konstitutioneller Mythos. Nun aber fordern die Nationen, daß aus dem Mythos eine Realität wird, ähnlich wie die Bürgerrechtsbewegung seit den sechziger Jahren an die Garantie der Grundrechte in der sowjetischen Verfassung angeknüpft hatte. Souveränität kann Selbständigkeit entweder innerhalb oder außerhalb des Verbandes der Sowjetunion meinen. Seit 1989 werden in vielen Unionsrepubliken die Stimmen derjenigen lauter, die unter Souveränität Separation verstehen.

Soweit allerdings in einer Reihe von Unionsrepubliken gesetzgeberische Schritte zur Sicherung oder konkreten Ausfüllung von Souveränität unternommen worden sind, handelte es sich bis Anfang 1990 stets um Unabhängigkeit innerhalb des Verbandes der UdSSR. Die Überschreitung dieser Grenze vollzog zum ersten Mal der Oberste Sowjet von Nachitschewan, als er aus Protest gegen den Einmarsch der Sowjetarmee nach Baku im Januar 1990 den Austritt dieser Autonomen Republik aus der Sowjetunion beschloß. Damit stellte sich der Oberste Sowjet von Nachitschewan insofern außerhalb der sowjetischen Verfassung, als diese zwar das Austrittsrecht der Unionsrepubliken, nicht aber der Autonomen Republiken vorsieht. Am 11. März 1990 erklärte Litauen förmlich seine Unabhängigkeit.

Seit November 1988 hat, beginnend mit Estland, eine ganze Reihe von Unionsrepubliken gesetzgeberische Schritte zur Definition und Sicherung ihrer Souveränität innerhalb der UdSSR unternommen. So sind in den drei baltischen Republiken förmliche Deklarationen zur Erklärung der staatlichen Souveränität und begleitende verfassungsändernde Gesetze verabschiedet worden. Darin werden unter anderem Grund und Boden sowie alle natürlichen Ressourcen zum Eigentum der jeweiligen Republik erklärt. Außerdem wird in den Souveränitätserklärungen ein Vetorecht der gesetzgebenden Organe der Republik festgelegt. Gesetze der UdSSR treten danach auf dem Territorium der Republik erst nach Ratifizierung durch die gesetzgebende Körperschaft der Republik in Kraft.[23] Danach haben auch die Obersten Sowjets der drei transkaukasischen Unionsrepubliken den Vorrang von Republikgesetzen gegenüber Gesetzen der Union beschlossen. Im Juni 1990 erklärten die Russische Föderation und im Juli 1990 die Ukraine förmlich ihre Souveränität, verbunden mit Austrittsdrohungen aus der Union. Zwar hat das Präsidium des Obersten Sowjet in Moskau die Beschlüsse über den Vorrang der Republikgesetze für verfassungswidrig erklärt und aufgehoben, aber die Zentralmacht ist nicht mehr in der Lage, ihren politischen Willen zu exekutieren.

V. Zukunftsperspektiven

Die nationalen Bewegungen, zu denen Teile der Partei- und Sowjetorgane übergelaufen sind, haben seit 1988 in erstaunlichem Umfang vollendete Tatsachen geschaffen und schicken sich an, auf dem eingeschlagenen Weg in Richtung auf eine Trennung von der UdSSR weiter voranzuschreiten. Die Gorbatschow-Führung, die in den ersten zwei Amtsjahren die nationale Frage überhaupt nicht hat wahrnehmen wollen und auch danach nicht in der Lage gewesen ist, ein neues politisches Konzept zu entwickeln, ist zum Getriebenen der Entwicklung geworden. Die Führung handelt nicht, sondern sie hastet ständig mit Feuerwehraktionen den Tatsachen hinterher.

---

[23] D. Bungs: A comparison of the Baltic Declarations of Sovereignty, in: Report on the USSR, 15. September 1989, S. 13-16.

Gorbatschow selbst ist offenbar nur noch eingeschränkt in der Lage, die Realitäten angemessen wahrzunehmen. Bei seinem Besuch in Litauen gewann er, nach seinen eigenen Aussagen, den Eindruck, den Austritt aus der UdSSR betrieben lediglich ein paar scharfmacherische Journalisten, die Arbeiter aber seien nicht dafür. Während die Sowjetmacht in Aserbaidschan zusammenbrach, sprach Gorbatschow von „einer Anzahl von Aktivisten, verantwortungslosen Abenteurern und Schwarzhändlern", die dort am Werk seien.[24]

In der Sowjetunion ist die Entkolonialisierung aus einem latenten in ein akutes Stadium eingetreten. Dieser Prozeß wird durch die Halbheiten der Perestrojka und die katastrophale wirtschaftliche Lage beschleunigt. Gorbatschow war bisher nicht bereit, den Schritt von der Reform zur Ablösung des maroden politischen und wirtschaftlichen Systems zu gehen. Nur ein solcher Schritt könnte allenfalls den Zerfallsprozeß der UdSSR verlangsamen. Immer mehr Völker und auch Gruppen innerhalb der russischen Gesellschaft verlieren das Vertrauen darauf, daß diese Regierung und diese Partei Perspektiven für eine bessere Zukunft entwickeln könnten. Nur eine radikale Neukonzeption des Vielvölkerstaates mit einer weitgehenden Dezentralisierung in den Bereichen Kultur, Wirtschaft und auch Politik könnte hier vielleicht noch Abhilfe schaffen. Allein die Rückkehr zur Leninschen Nationalitätenpolitik reicht nicht mehr aus, denn diese Konzeption schloß politische Eigenständigkeit der Teilrepubliken ausdrücklich aus. Es ist nicht zu erkennen, daß die gegenwärtige Führung in Moskau zu einer solchen Neukonzeption, die eben nicht mehr Reform wäre, bereit und in der Lage sein könnte. So spricht fürs erste eine große Wahrscheinlichkeit für den Fortgang der Zerfalls- und Auflösungsprozesse.

---

[24] NZZ, 21./22. Januar 1990.

DIE WECHSELBEZIEHUNG ZWISCHEN DER INNEN- UND AUSSENPOLITIK GORBATSCHOWS

Von Boris Meissner

I. Die innen- und außenpolitische Ausgangslage der Perestrojka

Die Reformpolitik, die Michail Gorbatschow nach dem Führungswechsel im März 1985 in die Wege geleitet hat, ist erst zu einem späteren Zeitpunkt als „Perestrojka" (Umgestaltung, Umbau) bezeichnet worden.

Die Forderung nach einer „radikalen Wende" begründete er mit der Notwendigkeit, die „Vorkrise", in welche die Sowjetunion in der späten „Breshnew-Ära" geraten war, zu überwinden.

Ein Verdienst Breshnews war es, daß er der Sowjetunion nach der despotischen Selbstherrschaft Stalins und dem sprunghaften Führungsstil Chruschtschows eine längere Zeit der inneren Ruhe und Konsolidierung ermöglichte und zugleich zu einer gewissen Besserung der Lebensverhältnisse beitrug. Unter ihr hat aber auch die bürokratische Verkrustung, die durch die totalitäre Form der Einparteidiktatur und durch die administrative zentrale Planung auf der Grundlage des Staatseigentums bedingt war, wesentlich zugenommen. Sie hat zu einer weitgehenden Stagnation in vielen Lebensbereichen geführt. Diese Lage ist durch die zunehmende Überalterung der Führungskader verschärft worden.

In den letzten Jahren der „Breshnew-Ära" war eine stetige Verringerung der Wachstumsraten der sowjetischen Wirtschaft mit einer Tendenz zum Nullwachstum festzustellen. Sie war einerseits durch das zentralistisch-bürokratische System, andererseits durch die unterbliebene technologische Erneuerung der Wirtschaft bedingt.

Sie machte es unmöglich, den wachsenden Bedürfnissen der Bevölkerung auf wirtschaftlichem und sozialem Gebiet stärker Rechnung zu tragen und führte dazu, daß die technologische Lücke im Verhältnis zum Westen weiter zunahm und damit die unter Breshnew errungene Weltmachtstellung gefährdete.

Hinzu kam, daß gleichzeitig die Zügel auf dem ideologischen und kulturellen Gebiet angezogen wurden. Die Verstärkung der repressiven Maßnahmen gegenüber allen Dissidenten ist zugleich mit einer Verschärfung der

Nationalitätenpolitik verbunden gewesen. Ein wesentlicher Grund dieser innenpolitischen Verhärtung war darin zu sehen, daß auf diese Weise das bestehende System, das heute als „administratives Kommandosystem" bezeichnet wird, gegenüber unerwünschten Einflüssen der Entspannung, die in wirtschaftlicher Hinsicht für die Sowjetunion wichtig war, in ideologischer Hinsicht besser abgeschirmt werden sollte.

Im Ergebnis sind die totalitären und zugleich feudal-bürokratischen Züge der Einparteidiktatur verstärkt und die Anpassung der sowjetischen Staats- und Gesellschaftsordnung an die Anforderungen einer vollentwickelten Industriegesellschaft wesentlich gehemmt worden.

Aus Furcht, die totalitäre Form der Einparteiherrschaft und das zentralistisch-bürokratische System zu gefährden, sind den Reformkräften auch im sowjetischen Hegemonialbereich keine Entfaltungsmöglichkeiten erlaubt worden. Die Intervention der Sowjetunion und ihrer Gefolgsstaaten in der Tschechoslowakei im August 1968 diente in erster Linie dazu, eine solche Gefährdung des Systems und die Ansteckung der sowjetischen Intelligenz durch reformkommunistisches und damit auch liberales und demokratisches Gedankengut zu verhindern. Ansätze zu einer freiheitlichen Entwicklung des bestehenden Systems und damit zur Verwirklichung gesellschaftlicher Emanzipationsbestrebungen sind durch die „Breshnew-Doktrin" zerstört worden. Damit wurde zwar der Bestand des Imperiums gewahrt, zugleich jedoch der innenpolitische Immobilismus in der Sowjetunion selbst verstärkt. Aus diesem Verhalten, das die innere Stagnation wesentlich förderte, ist zu ersehen, daß die sowjetische Außenpolitik auch unter Breshnew trotz einer stärkeren weltpolitischen Verflechtung in erster Linie von der Priorität der Innenpolitik bestimmt war.

Die außenpolitische Gewährleistung der „inneren Sicherheit" ist dabei mit der Festigung des eurasischen Besitzstandes der Sowjetunion unmittelbar verbunden gewesen. Die zu diesem Zweck betriebene großräumige, aber regional begrenzte kontinentale Strategie ist unter Breshnew durch eine globale Strategie ergänzt worden. Sie ließ die Sowjetunion in Bereiche in der Dritten Welt ausgreifen, zu denen Rußland früher niemals eine nähere Beziehung gehabt hat.

Diese globale Politik, die am Ziele einer Welthegemonie orientiert war, ist wesentlich durch eine optimistische Einschätzung der Veränderung des Kräfteverhältnisses in der Welt zugunsten des „Sozialismus" und damit der Sowjetunion bedingt gewesen. Im sowjetischen Schrifttum ist diese Kräfteverschiebung zugunsten der Sowjetmacht als das „Kernproblem in der Entwicklung der Weltpolitik" bezeichnet worden. Sie habe zu einem Umbau der internationalen Beziehungen geführt, der es der Sowjetunion und ihren Verbündeten ermöglicht hätte, „mit den Streitkräften des Imperialismus gleichzuziehen". Sie sei auch der „Hauptfaktor" gewesen, der die „realistisch denkenden imperialistischen Kreise" zur Entspannung veranlaßt habe.

Der „gesetzmäßige und nicht zu verhindernde" Charakter dieses Prozesses, der „unwiderruflich" sei, wurde dabei besonders betont. In Erwartung einer weiteren Veränderung des globalen Kräfteverhältnisses zugunsten der Sowjetmacht wurde ein weiterer Umbau der internationalen Beziehungen im Sinne der weltrevolutionären und machtpolitischen Zielsetzung der Sowjetunion ins Auge gefaßt.

Die bisherige Entwicklung, die mit einer wesentlichen Ausdehnung des „sozialistischen Weltsystems" verbunden gewesen sei, habe nicht nur „die Position des Sozialismus in Europa" gefestigt, sondern auch dazu beigetragen, „daß die imperialistischen Mächte außerstande sind, ihre früheren Kolonialreiche weiter zu kontrollieren".

Den Höhepunkt dieser expansiven Politik bildete die bewaffnete Intervention in Afghanistan Ende 1979. Mit ihr und der weiteren Beschleunigung der sowjetischen Aufrüstung, die eine einseitige Verschiebung des bestehenden militärischen und geostrategischen Gleichgewichts zu Gunsten der Sowjetunion zur Folge hatte, ist von Breshnew die Vertrauensbasis untergraben worden, die den verbesserten Ost-West-Beziehungen, zu denen die Unterzeichnung der KSZE-Schlußakte am 1. August 1975 wesentlich beitrug, zugrunde lag. Dadurch ist auch das „Prinzip der Gleichheit und der gleichen Sicherheit" verletzt worden, das vor allem von sowjetischer Seite aufgrund der gemeinsamen amerikanisch-sowjetischen Deklaration vom 29. Mai 1972 geltend gemacht wurde. Danach sollten militärische Konfrontationen vermieden, Krisen gemeinsam bewältigt werden und vor allem keine Versuche unternommen werden, um „sich auf Kosten der anderen Seite direkt oder indirekt gegenseitige Vorteile zu verschaffen". In diesem Sinne hat der sowjetische Völkerrechtler L. A. Iwanaschtschenko zu Recht darauf hingewiesen, daß mit dem Prinzip der gleichen Sicherheit das Prinzip der Nichtzufügung eines Nachteils (uščerb) für die Sicherheit der anderen Seite unmittelbar verbunden ist. Im Hinblick auf den Westen bildete diesen Nachteil, der seine Sicherheit bedrohte, die fortgesetzte Aufstellung von SS-20 Mittelstreckenraketen, die 1983 zur Nachrüstung der NATO führte. Zu ihr ist die Aufstellung von Raketenwaffen kürzerer Reichweite getreten, die Westeuropa nicht minder bedrohten. Die Rüstungsspirale, die durch diese Entwicklung in Gang gekommen ist, hat zur strategischen Verteidigungsinitiative (SDI) des amerikanischen Präsidenten Reagan geführt, die wiederum von der Sowjetunion als Bedrohung empfunden wurde.

Das wachsende sowjetische Weltmachtbewußtsein trug dazu bei, die eigenen Kräfte zu überschätzen und die Interessen der anderen Staaten nicht gebührend zu beachten. Außerdem mußte die von Breshnew betriebene Doppelstrategie, die bestrebt war, die kontinentale und die globale Strategie gleichzeitig zu betreiben, die Kräfte der Sowjetunion in zunehmendem Maße überfordern.

Den Erfolgen der Sowjetunion in ihrer globalen Außenpolitik, bei der sie sich auf ihre wachsende militärische Stärke stützte, standen daher eine Reihe von Rückschlägen gegenüber, die sie in den letzten Jahren hinnehmen mußte. Zu ihnen gehörten der Abschluß des Friedens- und Freundschaftsvertrages zwischen der Volksrepublik China und Japan, der mit der Kündigung des sowjetisch-chinesischen Bündnisvertrages von 1950 verbunden war, die Annäherung zwischen Peking und Washington, die Friedensregelung zwischen Ägypten und Israel, das verstärkte amerikanische Engagement im Bereich des Persischen Golfs und Indischen Ozeans und bestimmte Fortschritte in der Integration Westeuropas. Außerdem hat die Entwicklung der letzten Jahre der „Breshnew-Ära" eine Reihe weiterer Schranken für eine expansive sowjetische Außenpolitik erkennen lassen. Dazu gehören vor allem die innenpolitischen Probleme und Widersprüche, die sich bei der engen Wechselbeziehung von Innen- und Außenpolitik auf die außenpolitischen Entscheidungen der Kreml-Führung auswirken mußten.

Die entscheidende Schranke bildete dabei die Diskrepanz, die zwischen der Stellung der Sowjetunion als einer militärischen Supermacht und ihrem im Verhältnis zu den Vereinigten Staaten viel zu geringen wirtschaftlichen Potential bestand. Der sich daraus ergebende Widerspruch machte sich in verstärktem Maße bemerkbar, seitdem die wirtschaftliche Entwicklung der Sowjetunion durch zunehmende Wachstumsschwierigkeiten gekennzeichnet war.

Die Erkenntnis, daß der äußeren Machtentfaltung der sowjetischen Supermacht durch eine Reihe innerer Faktoren, vor allem aber durch die wirtschaftliche Lage, Grenzen gesetzt waren, hat daher innerhalb der Kreml-Führung zugenommen. Hinzu kamen die Auswirkungen der bewaffneten Intervention in Afghanistan, die zu einer fühlbaren weltpolitischen Isolierung und zusammen mit der Polen-Krise zu einer schweren Belastung der Ost-West-Beziehungen führten. Dies machte eine Kurskorrektur der sowjetischen Außenpolitik notwendig, die von Breshnew in vorsichtiger Form auf dem XXVI. Parteitag 1981 vollzogen wurde. Die neue außenpolitische Generallinie war stärker am Ziel eines gemeinsamen Kondominiums der beiden Supermächte auf der Grundlage des bipolaren Mächtesystems als dem Fernziel der Welthegemonie, das damit keineswegs aufgegeben wurde, ausgerichtet.

Diese Kurskorrektur, die von Andropow und Tschernenko im Sinne einer stärkeren Betonung der kontinentalen Strategie weiter fortgeführt wurde, reichte für eine Wende in der festgefahrenen sowjetischen Außenpolitik nicht aus. Ebenso sollte sich der Versuch Gromykos, unterstützt vom orthodoxen Flügel der Kreml-Führung, nach dem Beginn der Nachrüstung durch die NATO eine Politik der Selbstisolierung zu betreiben, die eine verstärkte Blockdisziplin und eine umfassende Mobilisierung der inneren Kräfte ermöglichen sollte, als kontraproduktiv erweisen.

Zu einem entscheidenden Kurswechsel sollte es erst unter Gorbatschow kommen. Er ist hauptsächlich durch die schwierige innere Lage bedingt gewesen. Ihm lag auch eine wesentlich pessimistischere Einschätzung des internationalen Kräfteverhältnisses zugrunde.

II. Die beiden Hauptetappen in der Entwicklung der „Perestrojka"

Unter Breshnew ist der soziale Vorrang der politisch-administrativen und wirtschaftlichen Bürokratie, die sich beide überwiegend aus der technischen Intelligenz rekrutierten, verfestigt worden. Die tatsächliche Herrschaft wurde von einer Hochbürokratie als Spitzengruppe der politisch-administrativen Bürokratie ausgeübt, die es verstand, die KPdSU faktisch zu ihrer Interessenvertretung werden zu lassen. Die einzige Gegenkraft bildete die wissenschaftlich-kulturelle Intelligenz mit einer Prestigeelite von Wissenschaftlern, Schriftstellern und Künstlern an der Spitze. Sie war sich in ihrer Mehrheit neben einigen „aufgeklärten Bürokraten" am ehesten der kritischen inneren Lage, die von ihr als eine Sackgasse empfunden wurde, bewußt. Ihr ging es hauptsächlich um größere Meinungsfreiheit und um die Beseitigung der ideologischen Reglementierung der wissenschaftlichen und künstlerischen Tätigkeit. Der geistige und kulturelle Verfall und die Notwendigkeit seiner Überwindung wurde von ihr stärker empfunden als die Gefahr der wirtschaftlichen Stagnation, die den Anstoß zu Reformbestrebungen innerhalb der Hochbürokratie und den Wirtschaftsmanagern gab.

Mit dem Führungswechsel im März 1985 ist das Ruder des sowjetischen Staatsschiffes von einer Gruppe von Parteipolitikern ergriffen worden, die wesentlich durch die Reformbemühungen geprägt wurden, die mit der Wirtschaftsreform von 1965 und der vorausgegangenen Entstalinisierungspolitik Chruschtschows verbunden waren.

Sie besaßen anfangs keine klare Konzeption von einer Reformpolitik. Sie sollte sich erst allmählich herausbilden. Sie konnten sich jedoch auf eine Reihe von Reformentwürfen stützen, auf die Gorbatschow in einer Rede am 6. Januar 1989 vor Wissenschaftlern und Kulturschaffenden, die in entscheidendem Maße den Anstoß zur Perestrojka gegeben haben, hingewiesen hat.

Von wesentlicher Bedeutung war, daß der neue Generalsekretär seiner Ausbildung nach als diplomierter Jurist und Agronom beiden Teilgruppen der Sowjetintelligenz angehörte, somit auch ihre Reformanliegen kannte. Erst durch das Engagement der wissenschaftlich-kulturellen Intelligenz, das durch die Gewährung von Glasnost (Offenheit, Öffentlichkeit) ermöglicht wurde, sollte die Perestrojka die erforderliche Stoßkraft entwickeln.

Die Reformpolitk Gorbatschows gliedert sich in zwei Etappen, die wiederum in Phasen unterteilt werden können. Dabei macht sich die Wechselbeziehung zwischen der Innen- und Außenpolitik in der einzelnen Entwicklungsphase im stärkeren oder schwächeren Maße bemerkbar.

In der Entwicklung der Perestrojka stellt die Allunionistische Parteikonferenz der KPdSU, die vom 28. Juni bis 1. Juli 1988 stattfand, mit den anschließenden Plenartagungen des Zentralkomitees eine tiefgehende Zäsur dar. Dabei lassen sich in der ersten Etappe, die dreieinhalb Jahre umfaßte, vier Entwicklungsphasen feststellen, während die zweite Etappe zur Zeit durch den Übergang nach zwei Phasen zu einer weiteren dritten Phase gekennzeichnet ist.

Aus den bisherigen Äußerungen Gorbatschows und aus seiner praktischen Politik ist zu ersehen, daß er die Ansicht vom „Primat der Innenpolitik" im vollen Maße teilt. Dies ging bereits aus seiner Rede vor britischen Parlamentariern am 18. Dezember 1984 in London, also noch vor dem Führungswechsel, hervor, in der er erklärte, daß die „Außenpolitik jedes Staates nicht zu trennen sei von seinem inneren Leben, den sozialökonomischen Zielen und Bedürfnissen". Gorbatschow vertrat außerdem die Auffassung, daß die Intensivierung der wirtschaftlichen Produktion auf dem schnellsten Wege verwirklicht werden müsse, wenn die Sowjetunion ihre Weltmachtstellung wahren und nicht weiter im Verhältnis zum Westen zurückbleiben wolle.

Unter Berücksichtigung dieser von Gorbatschow mehrfach hervorgehobenen Priorität der Innenpolitik soll im folgenden bei der Darstellung der einzelnen Entwicklungsphasen zuerst auf die Veränderung in der Innenpolitik und anschließend in der Außenpolitik eingegangen werden. Dabei wird nicht nur die außenpolitische Praxis, sondern auch der Wandel in der theoretischen Begründung, der im „neuen politischen Denken" zum Ausdruck kommt, zu berücksichtigen sein.

III. Vom Machtantritt Gorbatschows bis zur XIX. Parteikonferenz der KPdSU

1. Die erste Phase der ersten Hauptetappe

In der ersten Phase, welche nach dem Führungswechsel die Zeit vom April-Plenum 1985 bis zum XXVII. Parteikongreß der KPdSU im Februar/

März 1986 umfaßt, ist die Forderung Gorbatschows nach einer „Beschleunigung der sozialökonomischen Entwicklung des Landes auf der Grundlage des wissenschaftlich-technischen Fortschritts" zur verbindlichen Strategie der KPdSU erklärt worden. Bezeichnend ist, daß die neue Kreml-Führung in der *Innenpolitik* zunächst nur eine Steigerung der Effektivität der Sowjetwirtschaft durch Intensivierung der Industrie und Erneuerung des Produktionsapparates anstrebte. Sie sah aber bald ein, daß diese Aufgabe nur bei einer umfassenden Reform des bestehenden Wirtschaftssystems erfolgreich gelöst werden konnte. Dies bedeutete, daß der Umbau der Wirtschaftsverwaltung mit einer Umgestaltung des gesamten Wirtschaftsmechanismus zu verbinden war.

Der Nachdruck, den Gorbatschow neben einem grundlegenden Wandel in der Wirtschaftspolitik auf eine ergänzende Sozialpolitik legte, ließ bereits damals erkennen, daß es ihm nicht nur um eine Modernisierung der Wirtschaft, sondern auch der Gesellschaft ging. Vor allem hatte er erkannt, daß ohne Aktivierung des „menschlichen Faktors" die anspruchsvollen wirtschafts- und sozialpolitischen Ziele, die er anstrebte, kaum erreicht werden könnten. Daher setzte er sich im zunehmenden Maße für mehr Glasnost ein, um damit eine stärkere Mitwirkung der einzelnen Sowjetmenschen an den Reformvorhaben zu gewinnen.

Die „Perestrojka", die Gorbatschow mit den begrenzten Reformmaßnahmen, die auf dem XXVII. Parteitag beschlossen wurden, in die Wege leitete, ist nur mühsam vorangekommen. Dies lag erstens an seiner Abhängigkeit von den anderen Politbüromitgliedern und seiner schmalen Machtbasis, die er auf dem Parteitag nur geringfügig zu seinen Gunsten verändern konnte. Während Gorbatschow beim Parteiapparat auf Ligatschow als zweiten ZK-Sekretär angewiesen war, wurde der Regierungsapparat, der für die Wirtschaftsverwaltung zuständig ist, durch Ryshkow als Ministerpräsidenten dominiert. Den vierten Mann in der Spitzengruppe der Kreml-Führung bildete Gromyko als Vorsitzender des Präsidiums des Obersten Sowjets der UdSSR, der die alten Politbüromitglieder repräsentierte. In diesem Quadrumvirat kam der Fortbestand der „kollektiven Führung", die eine Aufteilung der Macht und zugleich eine gegenseitige Kontrolle bedeutete, zum Ausdruck. Zweitens machte sich bei der Durchführung der einzelnen Reformmaßnahmen ein zunehmender bürokratischer Widerstand auf allen Ebenen bemerkbar.

Der Wende in der Innenpolitik entsprach ein Wandel in der *Außenpolitik*, bei der Gorbatschow einerseits Schewardnadse, der die Nachfolge Gromykos als Außenminister antrat, andererseits Jakowlew als Direktor des IMEMO-Instituts zur Seite standen.

Die veränderte Außenpolitik, die Gorbatschow in dieser Phase in die Wege leitete, wobei sich Äußerungen im Sinne eines „neuen Denkens" mit alten, dogmatischen Vorstellungen die Waage hielten, diente vor allem der außenpolitischen Absicherung der Perestrojka. Sie zeichnete sich durch eine wirkungsvollere Darstellung nach außen und einen geschmeidigeren Stil aus. Die größere Offenheit nach außen sollte, wie die Glasnost nach innen, zur Wiederbelebung der Entspannungsatmosphäre und damit zu einer engeren Zusammenarbeit mit den Industriestaaten beitragen. Zugleich war sie dazu bestimmt, das persönliche Prestige Gorbatschows und auch seine Machtstellung im Innern, die anfangs äußerst begrenzter Natur war, zu verstärken.

Gorbatschow ging, wie seine Vorgänger, vom Fortbestand der bipolaren Struktur des Mächtesystems, das dem Verhältnis zu den Vereinigten Staaten den Vorang zuwies, aus. Seine besondere Note war anfangs darin zu sehen, daß er die Bedeutung der eigenständigen Rolle Westeuropas besonders betonte. Er benutzte dazu den Begriff vom „gemeinsamen europäischen Haus", der zuerst von Breshnew gebraucht worden war.

Die ersten Ansätze zu einem „neuen Denken" in der Außenpolitik fanden sich in seiner Rede vor britischen Parlamentariern am 18. Dezember 1984 bei seinem Besuch in Großbritannien noch vor dem Führungswechsel. Sein erster Besuch als Parteichef galt im Oktober 1985 Frankreich.

Gorbatschows Eintreten für ein „neues Denken erhielt durch die erste Gipfelkonferenz mit dem amerikanischen Präsidenten Reagan im November 1985 in Genf und durch seinen Dreistufenplan zur Abrüstung vom 15. Januar 1986 eine festere praktische Grundlage. Im Verlauf der weiteren Entwicklung ist der Generalsekretär hauptsächlich unter dem Einfluß Jakowlews stärker bereit gewesen, die multipolaren Tendenzen in der Weltpolitik für die Sowjetunion nutzbar zu machen. Auf diese Weise bedeutet Westeuropa für ihn nur eines der neuen Machtzentren, deren Aufkommen die Sowjetunion neben dem bilateralen Verhältnis zu den Vereinigten Staaten zu berücksichtigen hat. Daneben kam Asien und darüber hinaus dem pazifischen Raum eine besondere Bedeutung zu. Diese Tendenz machte sich bereits in Verbindung mit der Wiederbelebung des Vorschlags einer Konferenz über Sicherheit in Asien in Gestalt eines gesamtasiatischen Forums im Mai 1985 bemerkbar. Sie war auch bei den Bemühungen um eine Verbesserung der Beziehungen zur Volksrepublik China und zu Japan sowie in der Festigung des guten Verhältnisses zu Indien festzustellen.

Gorbatschow hielt in der Außenpolitik an der Priorität der Beziehungen zu den verbündeten sozialistischen Staaten fest. Er brachte dies bei der Erneuerung des Warschauer Paktes am 26. April 1985 und seinen Besuchen in der DDR und Polen im Frühjahr 1986 deutlich zum Ausdruck. Dagegen blieb die Frage nach einer stärkeren Bindung der Gefolgsstaaten an die Sowjetunion, der die beschleunigte Fortführung der wirtschaftlichen Integration im RGW-Rahmen dienen sollte, oder der Gewährung größeren Spielraums zunächst offen.

2. Die zweite Phase der ersten Hauptetappe

Die Reaktorkatastrophe von Tschernobyl leitete die zweite Phase ein, in deren Mittelpunkt die Plenartagungen des Zentralkomitees der KPdSU im Januar und Juni 1987 standen. Je mehr die Ausmaße und die Schwierigkeiten der angestrebten Wirtschaftsreform zunahmen, um so mehr wuchs die Einsicht Gorbatschows, daß es in der *Innenpolitik* einer umfassenden Gesellschaftsreform bedurfte. Zur Strategie der Beschleunigung (uskorenije) ist so eine Strategie der Erneuerung (obnowlenije) hinzugetreten.

Die „Demokratisierung" von Partei und Gesellschaft sah dabei Gorbatschow als das entscheidende Mittel an, um eine umfassende gesellschaftliche Erneuerung herbeizuführen.

Die Umrisse seines soziopolitischen Reformprogramms waren aus den Vorschlägen, die er auf dem Januar-Plenum 1987 machte, zu ersehen. Ihre Erprobung machte danach aber nur geringe Fortschritte. Dagegen gelang es ihm, auf dem Juni-Plenum1987 die Festlegung eines geschlossenen wirtschaftspolitischen Reformprogramms, das seinen Verbündeten sehr viel mehr am Herzen lag, zu erreichen. Es war mit der Billigung des „Betriebsgesetzes" verbunden, das für die untergeordneten Produktionseinheiten (Betriebe, Produktionsvereinigungen) eine größere Eigenständigkeit vorsah. Das Gesetz über die individuelle Arbeitstätigkeit und die ersten Verordnungen über die Bildung von Produktions- und Dienstleistungs-Genossenschaften waren ihm vorausgegangen. Bald darauf entschloß sich Gorbatschow nach einigem Zögern, auch den „Entstalinisierungsprozeß", der nach dem Sturz Chruschtschows zum Stillstand gekommen war, wieder aufzunehmen, da er nur in der Bekämpfung des unter Stalin geschaffenen „administrativen Kommandomechanismus", d. h. des totalitären Herrschaftsapparats, das Mittel sah, um die zunehmenden bürokratischen Widerstände zu überwinden.

Es war mit einer stetig an Stärke zunehmenden Vergangenheitsbewältigung und damit einer Neubewertung der sowjetischen Geschichte verbunden.

Auf dem Juni-Plenum 1987 konnte Gorbatschow mit einer weiteren schrittweisen Stärkung seiner Position im Politbüro die Einberufung einer Parteikonferenz der KPdSU im Sommer 1988 durchsetzen.

Im Frühjahr 1987 machten sich im Hinblick auf die Perestrojka zwei unterschiedliche Linien in der Parteiführung bemerkbar. Die konservativere

Richtung, die in ideologischen Fragen eine dogmatischere Einstellung aufwies, wurde von Ligatschow, die liberalere Richtung von Jakowlew repräsentiert. Der einen gehörte der KGB-Chef Tschebrikow an, auf den sich Gorbatschow anfangs stärker stützen mußte, der anderen der Moskauer Parteichef Jelzin, der auf ein schnelleres Tempo bei den Reformen auch innerhalb der Partei drängte. Während Jakowlew, der auf dem Juni-Plenum zum Politbüromitglied aufrückte, für mehr Glasnost und mehr Freiheit im wissenschaftlichen und kulturellen Bereich eintrat, gingen Ligatschow bereits die bisher in diesem Bereich stattgefundenen Veränderungen zu weit. Diese Auseinandersetzung verstärkte sich im Sommer 1984, da Gorbatschow, der Jakowlew zuneigte, nunmehr entschieden für eine Beseitigung der „weißen Flecken" in der sowjetischen Geschichte eintrat.

Die innenpolitische Machtkonstellation, die bis zum Wechsel im sowjetischen Oberkommando aufgrund des Rust-Zwischenfalls im Mai 1987 durch eine starke Stellung Ligatschows als auch des KGB-Chefs Tschebrikow gekennzeichnet war, wirkte sich auch in der *Außenpolitik* aus. Sie war im Bestreben, die Gefolgsstaaten durch die Wiedereinführung der gemeinsamen Konferenzen der Parteiführer stärker an die sowjetische Hegemonialmacht zu binden und durch einen zeitweiligen Rückschlag in der Abrüstungspolitik zu ersehen. Gorbatschow war auf dem Vorgipfel mit Präsident Reagan in Reykjavik im Oktober 1986 gezwungen, auf dem Junktim zwischen einem Abkommen über die Mittelstreckenraketen und dem amerikanischen Verzicht auf die strategische Verteidigungsinitiative (SDI) zu bestehen, obgleich er selber von diesem nach dem XXVII. Parteitag abgerückt war.

3. Die dritte Phase der ersten Hauptetappe

Die dritte Phase umfaßte die Entwicklung der Perestrojka vom Herbst 1987 bis zum Frühjahr 1988. Sie ist in der *Innenpolitik* hauptsächlich durch den Kampf um die Voraussetzungen und das Wesen der geplanten Reform des politischen Systems als Kernstück einer umfassenden Gesellschaftsreform bestimmt gewesen. Dieser Kampf fand innerhalb der Kreml-Führung in einer scharfen Form statt und führte nach dem ZK-Plenum im Oktober 1987 zunächst zum Sturz Jelzins, des Moskauer Stadtparteisekretärs, der durch Sajkow abgelöst wurde und zu einem bestimmten Kompromiß zwischen Gorbatschow und Ligatschow im Hinblick auf die innenpolitische Linie.

In seiner Festrede anläßlich des 70. Jahrestages der Oktoberrevolution am 2. November 1987 hielt sich Gorbatschow nur im historischen Teil an diesen Kompromiß, legte im übrigen besonderen Nachdruck auf die „Demokratisierung", die er als die Seele (duscha) der Perestrojka bezeichnete.

Ligatschow mußte in dieser Einstellung ein Abgehen vom vereinbarten Kompromiß erblicken, was die Kontroverse zwischen beiden Richtungen verschärfen mußte. Sie kam nach dem Februar-Plenum 1988 in der Fehde zwischen zwei Presseorganen des Zentralkomitees, der „Sowjetskaja Rossija" und der „Prawda", die durch den Brief der Leningrader Dozentin Nina Andrejewa ausgelöst wurde, sowie einer Massenflut von Leserbriefen, bei denen die Reformer gegenüber den Traditionalisten überwogen, zum Ausdruck.

Gorbatschow verstand es dialektisch geschickt, diese kritische Situation, die er als einen „harten Kampf" bezeichnete, zu meistern und durch seine ausgleichende Art, einen Konsens herbeizuführen. Er nutzte dabei die Möglichkeit, welche die Medien boten, besser als seine Gegner.

Der Konsens fand auf dem ZK-Plenum am 23. Mai 1988 in den zehn „Thesen", die der bevorstehenden Parteikonferenz als „Plattform" dienen sollten, ihren Niederschlag. Das Kernstück des Thesen-Katalogs, der ein weites Feld umfaßte, bildeten die Thesen, die sich auf die Reform des politischen Systems bezogen. Sie waren durch die Nationalitätenfrage, die aufgrund der Vorgänge im Kaukasus und im Baltikum an besonderer Aktualität gewonnen hatte, ergänzt worden.

Im Vergleich zu den Vorschlägen, die von Gorbatschow auf dem Januar-Plenum 1987 gemacht wurden, ist jetzt die Abgrenzung zwischen den Partei- und Staatsfunktionen und die Trennung von Legislative und Exekutive bei den Sowjets klarer gefordert worden. Neu war die vorgesehene Begrenzung der Amtszeit bei allen Wahlämtern von 10 Jahren. Neu war in Verbindung mit der Rechtsreform die Forderung nach der Schaffung eines „sozialistischen Rechtsstaates".

Im Bereich der Wirtschaftsreform war die Verabschiedung eines weitgehenden „Genossenschaftsgesetzes" von Bedeutung.

Je mehr das soziopolitische Reformprogramm Gorbatschows an Substanz und er zugleich an stärkerem Rückhalt in der sowjetischen Öffentlichkeit gewann, um so mehr war er in der Lage, den ihm zufallenden Spielraum in der *Außenpolitik* besser zu nutzen. Dies wirkte sich in einer Fortentwicklung des „neuen Denkens" im außenpolitischen Teil seiner Jubiläumsrede und beim anschließenden „Treffen der Repräsentanten von Parteien und Bewegungen" aus. In seiner Jubiläumsrede versuchte er, in Frageform die Imperialismustheorie Lenins unter Hinweis auf die zunehmende Interdependenz zwischen den Staaten zu relativieren. Auf dem Treffen wiederum übte er unmittelbar Kritik an der bisherigen sowjetischen Außenpolitik. Er sagte, daß man sich „zeitweise nicht von den Realitäten, sondern von Wunschvorstellungen" habe leiten lassen. Aufgrund der veränderten internationalen Lage könne man „die Entwicklung in der Welt nicht mehr vom Standpunkt des Kampfes zweier gegensätzlicher Gesellschaftssysteme sehen". Auf dem ZK-Plenum im Februar 1988 bezeichnete er die neue Rolle der allgemeinmenschlichen Werte als „zentrales Glied" des „neuen Denkens". Er forderte, die internationalen Beziehungen auf der Grundlage der veränderten Realitäten und unter Beachtung des Prinzips der „Anerkennung der Freiheit der sozialen und politischen Wahl durch jedes Volk und jedes Land" zu entwickeln.

In der These 10 des Zentralkomitees wurde erstmals offiziell Kritik an der früheren sowjetischen Außenpolitik, der „Dogmatismus und subjektivistisches Herangehen" vorgeworfen wurde, geübt. In ihr hieß es: „Im Kampf um das militärstrategische Gleichgewicht wurden in der Vergangenheit nicht immer die Möglichkeiten ausgeschöpft, die Sicherheit des Staates durch politische Mittel zu gewährleisten. Wir ließen uns dadurch ins Wettrüsten hineinziehen, was nicht ohne Auswirkungen auf die sozialökonomische Entwicklung des Landes und seine Position bleiben konnte."

Als Erfolg des „neuen Denkens" war das Ergebnis des zweiten Gipfeltreffens Gorbatschows mit Präsident Reagan in Washington im Dezember 1987 anzusehen, das zur Unterzeichnung des Abkommens über die Mittelstreckenraketen führte. Den Höhepunkt im Hinblick auf das veränderte Verhältnis zu den Vereinigten Staaten bildete der Gegenbesuch Reagans in Moskau und damit das dritte Gipfeltreffen, das mit dem Austausch der Ratifikationsurkunden zum INF-Abkommen am 1. Juni 1988 verbunden war. Daneben pflegte der die Beziehungen zu Großbritannien und Frankreich.

Die Verlängerung des Warschauer Paktes gewährleistete die Gefolgschaft des osteuropäischen Bündnispartners in der Außen- und Sicherheitspolitik. Andererseits trugen die Bemühungen zur Umgestaltung und Aktivierung des RGW nicht zu einer wesentlichen Stärkung der wirtschaftlichen Grundlagen des sowjetischen Bündnissystems bei. Immerhin bot die Solidarität der Gefolgsstaaten auf außenpolitischem Gebiet dem Generalsekretär die Möglichkeit, ihnen in ihrer inneren Entwicklung im Sinne der Lehre von den „verschiedenen Wegen zum Sozialismus" unter einer stärkeren Berücksichtigung ihrer Selbständigkeit auch einen größeren Spielraum in der inneren Entwicklung einzuräumen.

4. Die vierte Phase der ersten Hauptetappe

Die vierte Phase ist in der *Innenpolitik* durch die allunionistische Parteikonferenz der KPdSU und den coup du parti Gorbatschows auf dem ZK-Plenum im September 1988 gekennzeichnet.

Dem Generalsekretär war aufgrund des Richtungsstreites bewußt geworden, daß ohne einen grundlegenden Umbau des politischen Systems, der über die „Thesen" weit hinaus ging, die Reform des politischen Systems auf dem Papier bleiben würde. Damit würden auch die von ihm als notwendig erachteten Rahmenbedingungen für Fortschritte in der Verwirklichung der Wirtschaftsreform fehlen. Er begnügte sich daher in seinen Vorschlägen nicht mit der Übertragung eines großen Teiles der Macht von der Partei auf die Sowjets und damit von dem Partei- auf den Staatsapparat sowie auf die Ersetzung des bisherigen Obersten Sowjet der UdSSR durch einen umfangreicheren „Kongreß der Volksdeputierten" und einen kleineren Obersten Sowjet der UdSSR, der als ein „Berufsparlament" gedacht war.

Er sprach sich darüber hinaus für eine Personalunion zwischen dem jeweiligen Ersten Parteisekretär und dem mit größeren Machtbefugnissen ausgestatteten Vorsitzenden des jeweiligen Sowjetparlaments aus. Es war deutlich erkennbar, daß er auf der Unionsebene einer Verbindung der Ämter des Generalsekretärs und des Vorsitzenden des neuen Obersten Sowjets der KPdSU, der die Funktion eines „Staatspräsidenten" ausüben sollte, den Vorzug gab.

Gorbatschow konnte auf der Parteikonferenz, die sich durch einen ungewohnt offenen und freien Meinungsaustausch auszeichnete, die Annahme seines soziopolitischen Reformprogramms mit einigen Abstrichen erreichen.

Von der Parteikonferenz wurde ein Zeitplan zur Verwirklichung des Umbaus des Sowjetsystems beschlossen. Eine Entscheidung in der Frage der Personalunion der höchsten Partei- und Staatsämter wurde nicht getroffen. Gorbatschow drängte zunächst auch nicht darauf.

Die wachsende Kritik an den praktischen Ergebnissen der Wirtschaftsreform, die schwierige Versorgungslage und der Widerstand gegen eine schnelle Durchführung des soziopolitischen Reformprogramms veranlaßten Gorbatschow, diese abwartende Haltung aufzugeben.

Mit einem Handstreich, den er sich auf dem ZK-Plenum Ende September 1989 billigen ließ, schuf er vollendete Tatsachen. Er setzte damit, wesentlich früher als geplant, einen Umbau der Führungsstruktur durch.

Mit Gromyko und Solomenzew schieden zwei ältere Politbüromitglieder, die auf der Parteikonferenz kritisiert worden waren, aus. Die Bildung von sechs ZK-Kommissionen war mit einer Schwächung der Stellung Ligatschows und teilweise auch Tschebrikows, der als KGB-Chef später durch Krjutschkow ersetzt wurde, verbunden.

Gorbatschows coup du parti, der seine persönliche Machtstellung als Generalsekreätr auf Kosten des Politbüros und des ZK-Sekretariats stärkte, ermöglichte ihm, das Amt des Vorsitzenden des Präsidiums des Obersten

Sowjets der UdSSR von Gromyko zu übernehmen. Eine wesentliche Veränderung der Machtlage wurde dadurch nicht bewirkt. Sie erleichterte ihm jedoch die angestrebte Umgestaltung des bisherigen Amtes eines nominellen Staatsoberhaupts in die eines starken Staatspräsidenten.

Auf der XIX. Parteikonferenz hatte Gorbatschow seine Kritik an der früheren sowjetischen *Außenpolitik* verschärft. Er erklärte, daß die administrativen Kommandomethoden „auch um den außenpolitischen Bereich keinen Bogen machten" und wiederholte den Vorwurf, daß durch die Konzentration auf die militärischen Aspekte die politischen Möglichkeiten zur Gewährleistung der Sicherheit und zur Entspannung nicht immer „genutzt wurden". Er betonte, daß sich unter dem Einfluß des „neuen Denkens" die Achse des internationalen Lebens „von der Konfrontation zur Zusammenarbeit und gegenseitigen Verständigung verlagert" habe.

Als „wichtige internationale Meilensteine auf dem Wege zur Beilegung regionaler Konflikte" nannte er die „Genfer Abkommen" und den „begonnenen Abzug unseres Truppenkontingents aus Afghanistan".

Noch weiter als Gorbatschow ging Schewardnadse auf der wissenschaftlich-praktischen Konferenz des Außenministeriums der UdSSR Ende Juli 1988, der die theoretische Begründung der veränderten sowjetischen Außenpolitik im Sinne des „neuen Denkens" noch weiter ausdehnte. Er schloß dabei die „friedliche Koexistenz" als Mittel des internationalen Klassenkampfes im Nuklearzeitalter völlig aus.

Seine Ausführungen sollen bei den dogmatisch eingestellten Politbüromitgliedern, insbesondere Gromyko, auf scharfe Kritik gestoßen sein. Als ihr Sprecher kritisierte Ligatschow in einer Rede in Gorkij am 5. August 1988 nicht nur die von Gorbatschow vertretene innenpolitische Linie, sondern auch erstmals öffentlich das „neue Denken" als Grundlage seiner Außenpolitik. Diese Kritik bildete ein wesentliches Motiv für Gorbatschows Gegenschlag, der die Außenpolitik ganz zu seiner Domäne werden ließ.

Das Revirement, bei dem Jakowlew den Vorsitz der ZK-Kommission für Internationale Politik übernahm, bot Gorbatschow nicht nur die Möglichkeit, noch entschiedener eine Verbesserung der auswärtigen Beziehungen der Sowjetunion in westlicher und östlicher Richtung anzustreben, sondern auch bei der „sozialistischen Gemeinschaft", dem sowjetischen Hegemonialverband, von einer zunehmenden „Vielfalt in der Einheit" auszugehen.

IV. Vom parlamentarischen Experiment bis zur Umgestaltung der Führungsstruktur

1. Die erste Phase der zweiten Hauptetappe

Die zweite Hauptetappe der Perestrojka wird durch die Reform des politischen Systems und der Verfassungsordnung der Sowjetunion bestimmt. Die erste Phase wurde in der *Innenpolitik* mit dem beginnenden Umbau des Parteiapparats und den personellen Veränderungen in der Partei- und Staatsführung auf allen Ebenen eingeleitet und erstreckte sich bis zum Abschluß der ersten Sitzungsperiode des Obersten Sowjet der UdSSR im Sommer 1989.

Nach dem Umbau des ZK-Apparats und der Festlegung des Bestandes der ZK-Kommissionen erfolgte in Übereinstimmung mit dem Zeitplan die erste größere Teilabänderung der Unionsverfassung und die Annahme eines neuen Wahlgesetzes der UdSSR am 1. Dezember 1988. Es folgten die begrenzten und daher nur halbfreien Wahlen zu dem Kongreß der Volksdeputierten am 26. März 1989, an die sich mehrere Nachwahlen in den folgenden zwei Monaten anschlossen.

Durch die Sonderregelung für die Vertretung der gesellschaftlichen Organisationen im „Volkskongreß" ist die Position der KPdSU und der von ihr abhängigen Massenorganisationen von vornherein gesichert worden. Dafür mußten zahlreiche Parteifunktionäre bei den personenbezogenen Wahlen, meist mit mehreren Kandidaten, in den territorialen und national-territorischen Wahlkreisen empfindliche Niederlagen hinnehmen. Die Anzahl seiner Gegner und Kritiker konnte Gorbatschow auf dem ZK-Plenum im April 1989 dadurch vermindern, daß er 100 Mitglieder der großen Führungsgremien der Partei, darunter 12 hohe Militärs, zum Ausscheiden veranlaßte.

In Übereinstimmung mit der Teilabänderung der Unionsverfassung wählte der „Volkskongreß" mit 2250 Deputierten auf seiner konstituierenden Tagung im Mai/Juni 1989 mit Gorbatschow zuerst den Vorsitzenden des künftigen Obersten Sowjet der KPdSU, dem die Stellung eines „Staatspräsidenten" zukam, und Lukjanow als seinen ersten Stellvertreter. Es folgte die Wahl der beiden Kammern des neuen Obersten Sowjets der UdSSR, der zusammen einen Bestand von 542 Abgeordneten aufweist. Daran schloß sich die Bestätigung der vom Sowjetparlament nominierten führenden Staatsfunktionäre mit Ryshkow als dem Vorsitzenden des Ministerrates der UdSSR, d. h. als „Regierungschef", an der Spitze, an. Dies ermöglichte eine Verselbständigung des bisherigen Präsidiums des Obersten Sowjets der UdSSR als einer Art „Staatsrat". Das neue Sowjetparlament konstituierte sich noch während der Tagung des Volkskongresses und nahm seine erste Legislaturperiode von Mitte Juni bis Anfang August 1989 wahr. In ihrem

Mittelpunkt stand nach der Bildung der beiden Kammern und ihres Ausschußsystems die Regierungsbildung. Sie betraf einerseits die institutionellen Veränderungen des Ministerrates der UdSSR, andererseits seine personelle Zusammensetzung. Erst nach den Wahlen der einzelnen Mitglieder des Ministerrates und seines Präsidiums konnte sich der Oberste Sowjet kurzfristig seiner gesetzgeberischen Tätigkeit zuwenden.

Gorbatschow konnte den in der ersten Phase vorgesehenen Umbau des Sowjetsystems auf der Unionsebene, unterstützt von Lukjanow, erfolgreich durchführen. Durch die Ausübung einer anfänglich gar nicht vorgesehenen Funktion eines ständigen Parlamentspräsidenten konnte er den Verlauf der ersten Tagungen des „Volkskongresses" und des Obersten Sowjets der UdSSR in seinem Sinne beeinflussen und lenken.

Im großen und ganzen hat das parlamentarische Experiment in seinem ersten Stadium recht erfolgreich begonnen. Dagegen hat die Regierungsbildung nur geringe Veränderungen im Regierungsapparat erbracht. Am Übergewicht der zentralen Staats- und Wirtschaftsverwaltung hat sich nichts geändert.

Der Machtzuwachs, den Gorbatschow aufgrund des bisherigen Umbaus des Sowjetsystems erreichte, ermöglichte ihm, in der *Außenpolitik* den von ihm aufgrund des „neuen Denkens" eingeschlagenen Kurs entschieden fortzusetzen. Sein Auftreten bei den Vereinten Nationen im Dezember 1988 ließ ihn nicht nur mit dem scheidenden Präsidenten Reagan, sondern auch mit seinem designierten Nachfolger Bush zusammentreffen. In einer Rede vor der Vollversammlung am 7. Dezember 1988 kündigte er die Bereitschaft zu einer einseitigen größeren Verringerung der konventionellen Streitkräfte der Sowjetunion und ihre strukturelle Umgestaltung an. In dieser Rede faßte er die Grundgedanken des „neuen Denkens" erneut zusammen. Er betonte den Vorrang der „allgemeinmenschlichen Werte" und sprach sich für ein enges Zusammenwirken aller Staaten, „unabhängig von ideologischen und sonstigen Unterschieden" bei der Lösung der globalen Probleme aus. Im Sinne der von ihm geforderten Priorität des Völkerrechts in der Außenpolitik erklärte er, „daß Gewalt und Androhung von Gewalt keine Instrumente der Außenpolitik mehr sein können und dürfen". Er hob zugleich die Bedeutung des universellen Prinzips der „Freiheit der Wahl für jedes Volk" und damit des Selbstbestimmungsrechts besonders hervor.

Daß es hauptsächlich das Haushaltsdefizit und das geringe wirtschaftliche Wachstum waren, die Gorbatschow zu diesen Konzessionen auf dem Gebiet der Abrüstung zwangen, wurde aus seiner Rede am 6. Januar 1989 und späteren Äußerungen deutlich.

Im außenpolitischen Teil einer Rede in Kiew am 23. Februar 1989 bezeichnete Gorbatschow als Grundlage des „neuen Denkens" eine „neue Konzeption globaler Sicherheit, die auch die Interessen der Gegenseite gebührend berücksichtigt, verbunden mit der Bereitschaft zum Dialog, zu Verhandlungen und zur Suche nach vernünftigen Kompromissen".

Den Beziehungen zu den Vereinigten Staaten wies er in Verbindung mit der Rüstungskontroll- und Abrüstungspolitik weiterhin die Priorität zu. Bemerkenswert war, daß von ihm jetzt die Beziehungen zur Volksrepublik China an zweiter Stelle genannt wurden, deren Normalisierung durch den von ihm besonders erwähnten Abzug der sowjetischen Truppen aus Afghanistan und die Bereitschaft zu weiteren Zugeständnissen gefördert wurde.

Erst an dritter Stelle nannte er die Beziehungen zu den westeuropäischen Staaten, wobei er im erfolgreichen Abschluß des Wiener Folgetreffens der KSZE bereits die „ersten Konturen des gemeinsamen europäischen Hauses" zu erkennen glaubte.

Eine Normalisierung der Beziehungen zur Volksrepublik China konnte Gorbatschow bei seinem Staatsbesuch im Mai 1989, der von den Unruhen in Peking überschattet wurde, erreichen. Er legte nunmehr auch stärkeren Nachdruck auf eine Normalisierung und Verbesserung der Beziehungen zur Bundesrepublik Deutschland. Dieses Bestreben wurde sowohl beim Besuch von Bundeskanzler Kohl im Oktober 1988 in Moskau als auch beim Gegenbesuch Gorbatschows in der Bundesrepublik im Juni 1989 sichtbar. Es kam in der Gemeinsamen Erklärung, die im Unterschied zum Moskauer Vertrag von 1970 einen Hinweis auf das Selbstbestimmungsrecht der Völker enthielt, deutlich zum Ausdruck. Seinen anschließenden Besuch in Frankreich im Juni 1989 benutzte Gorbatschow, um mit der Rede vor dem Parlament des Europarats für seinen Gedanken eines „europäischen Hauses" zu werben. Er unterstrich damit sein Interesse an einer engeren Zusammenarbeit mit Westeuropa, sowohl auf dem wirtschaftlichen, als auch politischen Gebiet. Die vorausgegangene Übereinkunft zwischen der EG und dem RGW stellte bereits einen wesentlichen Schritt auf dem Wege zur Anerkennung nicht nur der wirtschaftlichen, sondern auch politischen Funktion der Europäischen Gemeinschaft dar.

In seiner Rede brachte er zugleich die Bereitschaft zur Abkehr von der „Breshnew-Doktrin" im Verhältnis zu den sowjetischen Gefolgsstaaten zum Ausdruck.

Nach den anfänglichen Versuchen, die politische und wirtschaftliche Integration des europäischen Teils der „sozialistischen Gemeinschaft" zu verstärken, begnügte sich Gorbatschow in zunehmendem Maße mit der außenpolitischen Solidarität im Rahmen des Warschauer Paktes. Dafür räumte er den einzelnen Gefolgsstaaten größeren Spielraum und damit mehr Unabhängigkeit in der inneren Entwicklung ein.

2. Die zweite Phase der zweiten Hauptetappe — erster Abschnitt

Die zweite Phase der politischen Reform wies zwei Abschnitte auf. Der erste Abschnitt wurde durch die zweite Legislaturperiode des neuen Obersten Sowjets der UdSSR eingeleitet, die sich von Mitte September bis Ende November 1989 erstreckte. An sie schloß sich die zweite Tagung des „Volkskongresses" an.

Die *Innenpolitik* ist in dieser Phase einerseits durch die gesetzgeberische Tätigkeit der beiden staatlichen Repräsentativorgane, andererseits durch den Konflikt über die Führungsrolle der KPdSU bestimmt gewesen.

Von den insgesamt vierzig Gesetzesprojekten, die auf der konstituierenden Tagung des Obersten Sowjets der UdSSR angekündigt worden waren, konnten die Gesetze über die Pacht, über das Verfahren über die Beilegung kollektiver Arbeitsstreitigkeiten (-Konflikte), das ein begrenztes Streikrecht vorsieht, über die wirtschaftliche Selbständigkeit der baltischen Republiken und das Gerichtsverfassungsgesetz der UdSSR verabschiedet werden. Eine Reihe weiterer Gesetze wurde in erster Lesung angenommen.

Im Mittelpunkt der zweiten Tagung des „Volkskongresses" stand das von Ministerpräsident Ryshkow vorgetragene Wirtschaftsprogramm, das auch den künftigen Fünfjahrplan in seine Zielsetzung einbezog. Ryshkow war auf der einen Seite bestrebt, durch eine zeitliche Ausdehnung des wirtschaftlichen Reformprozesses bei geringer Veränderung der planwirtschaftlichen Struktur und durch einen schrittweisen Abbau des großen Haushaltsdefizits, eine bestimmte Konsolidierung der sowjetischen Wirtschaft herbeizuführen. Auf der anderen Seite suchte er durch eine stärkere Berücksichtigung der Konsumgüterindustrie, in Verbindung mit den begrenzten Reformmaßnahmen in der Landwirtschaft, eine bessere Versorgung zu ermöglichen.

Von zahlreichen Kritikern des Wirtschaftsprogramms Ryshkows wurde betont, daß die vorgesehenen Maßnahmen nicht ausreichen würden, um der sich ständig weiter verschlechternden wirtschaftlichen Lage Einhalt zu gebieten.

Verabschiedet wurden drei weitere Verfassungsänderungsgesetze am 20. und 23. Dezember 1989. Das erste diente der Präzisierung, das zweite ermöglichte den Gliedrepubliken, das System der Repräsentativorgane und das Wahlsystem nach eigenem Ermessen zu regeln, das dritte betraf eine genauere Festlegung der Zusammensetzung und der Befugnisse des Komitees für Verfassungsaufsicht.

Zu einer Neufassung des Artikels 6 der Unionsverfassung, in der die Alleinherrschaft der KPdSU festgelegt ist, kam es nicht, da die Diskussion dieser Frage in der Parteiführung noch nicht entschieden war.

Die Auseinandersetzung über die Führungsrolle der Partei hatte im Sommer 1989 begonnen. Sie wurde durch die Vorbereitung des immer wieder hinausgeschobenen Nationalitätenplenums verschärft. Auf dem ZK-Plenum im September 1989 gelang es Gorbatschow, in Verbindung mit einer Machtverschiebung im Politbüro die Annahme der „Plattform der KPdSU zur Nationalitätenpolitik" durchzusetzen. Er erreichte zugleich die erste Vorverlegung des ursprünglich für Anfang 1991 vorgesehenen XXVIII. Parteikongresses der KPdSU auf den Oktober 1990

Die Nationalitätenplattform war als Grundlage für die föderative Umgestaltung der Sowjetunion gedacht. Sie stellte einen Kompromiß dar und konnte daher die Selbständigkeits- und Unabhängigkeitsbestrebungen einzelner nichtrussischer Völker, wie der baltischen und transkaukasischen Nationen, nicht befriedigen.

Im Sinne der Nationalitätenplattform wurde vom Obersten Sowjet der UdSSR in einer Deklaration vom 23. November 1989 die von Stalin veranlaßte Zwangsumsiedlung ganzer Völker als ein „Verbrechen" verurteilt. In einem weiteren Beschluß sprach sich das Sowjetparlament für eine Wiederherstellung der Autonomie der Deutschen in der Sowjetunion und der Krim-Tataren aus.

Personelle Veränderungen fanden nicht nur im Politbüro und ZK-Sekretariat, sondern auch in der Leitung wichtiger regionaler Parteiorganisationen, wie in Leningrad und Moskau, statt.

Insgesamt ließen diese Veränderungen einen Fortbestand der „kollektiven Führung", deren institutionelle Basis das Politbüro mit zwölf Mitgliedern und sieben Kandidaten bildete, und vor allem eine Festigung der Machtstellung Ryshkows als Nr. 2 im Kreml erkennen.

Dem Vorwurf der Abweichung von einem Sozialismus marxistisch-leninistischer Prägung, der von seinen Kritikern erhoben wurde, suchte Gorbatschow durch die Beförderung seines philosophischen Beraters Frolow zum Chefredakteur der „Prawda" und durch einen ideologischen Grundsatzartikel am 26. November 1989 im Parteiorgan zu begegnen.

Eine Beruhigung erreichte er dadurch nicht. Er sah vielmehr seine Reformpolitik auf dem ZK-Plenum am 9. Dezember 1989 heftigen Angriffen ausgesetzt, die sich teilweise auch gegen seine außenpolitische Aktivität richteten. So beanstandete ein Teilnehmer, „daß man uns im Westen für unsere Perestrojka in höchsten Tönen lobt und sie sogar der römische Papst segnet". Gorbatschow sah in diesen Worten den Vorwurf, als ob die Parteiführung „nicht von den Interessen unseres Volkes und Landes ausginge, sondern sich den Interessen des Westens anpaßte".

Mit der Bemerkung, daß „er nicht an seinem Posten hänge" und der Drohung mit dem Rücktritt des gesamten Politbüros, veranlaßte er seine

Kritiker zum Einlenken. In einem selbstkritischen ZK-Appell zu den zwischen dem Dezember 1989 und März 1990 bevorstehenden Wahlen zu den lokalen Sowjets und den Obersten Sowjets der Gliedrepubliken, bekannte sich daraufhin das Zentralkomitee als Ganzes für die kritische Lage des Landes als schuldig.

Vom ZK-Plenum wurde die Errichtung eines russischen Büros des ZK der KPdSU unter Vorsitz Gorbatschows beschlossen. Im Unterschied zu dem ZK-Büro für die RSFSR, das von 1956 bis 1966 bestand, sollte sich das neue Büro auf den bestehenden ZK-Apparat stützen und keinen eigenen Apparat haben.

Gorbatschow hatte im Sommer 1989 einen föderativen Aufbau der KPdSU abgelehnt, sich zugleich jedoch bereit erklärt, den Kommunistischen Parteien der Unionsrepubliken, die integrale Bestandteile der KPdSU bilden, „mehr Selbständigkeit" zu gewähren.

Dies Zugeständnis genügte den Kommunistischen Parteien in den baltischen Republiken nicht. Als erste beschloß die Kommunistische Partei Litauens auf ihrem 20. Parteitag am 20. Dezember 1989, sich von der KPdSU zu trennen und eine selbständige Partei zu bilden.

Weder das ZK-Plenum der KPdSU am 26. Dezember 1989, von dem dieser Beschluß als nichtig erklärt wurde, noch der Besuch Gorbatschows im Januar 1990 in Litauen konnten eine Änderung in dieser auf politische Unabhängigkeit gerichteten litauischen Haltung herbeiführen.

Die wirtschaftliche Krise und die Verschärfung der Nationalitätenfrage, die in den blutigen Zusammenstößen zwischen den Armeniern und Aserbajdschanern sowie der Verfolgung der Turk-Meschen in Usbekistan und nicht nur in den Emanzipationsbestrebungen in den westlichen Randgebieten der Sowjetunion zum Ausdruck kam, veranlaßten Gorbatschow, sich in dieser Phase in erster Linie den innenpolitischen Problemen zu widmen. Auch die Bereitschaft zu einer beschleunigten Abrüstung diente hauptsächlich einer innenpolitischen Entlastung.

In der *Außenpolitik* ließ er aus diesem Grunde die zentrifugalen Kräfte im sowjetischen Hegemonialverband gewähren und sah von einer gewaltsamen Beeinflussung des in Mittel- und Osteuropa stattfindenden Emanzipationsprozesses ab.

Gorbatschow glaubte offenbar, daß die Perestrojka die anderen sozialistischen Staaten mit der Zeit veranlassen könnte, dem Vorbild Moskaus auf dem neu eingeschlagenen Wege zu folgen. Tatsächlich waren dazu Ungarn, dem damit die Rolle eines Vorreiters zufiel, und Polen aufgrund der Solidarnost-Bewegung, bei gleichzeitiger Abkehr vom bisherigen Sozialismus-Modell, bereit. Bei den anderen Staaten überwogen die Befürchtungen vor den Folgen einer so tiefgehenden Reformpolitik. Dies galt hauptsächlich für

Rumänien, die DDR und die CSSR, während Bulgarien eine vorsichtigere Haltung einnahm. Der Widerstand ihrer kommunistischen Führungen richtete sich vor allem gegen die Demokratisierung des politischen Systems, verbunden mit einer Meinungsvielfalt im Zeichen der Glasnost, welche die Stabilität einer Einparteiherrschaft totalitärer Prägung bedrohte.

Es war abzusehen, daß sich diese Staatengruppe auf die Dauer dem Streben nach einer freiheitlichen demokratischen Ordnung nicht entziehen konnte, da sich die sowjetische Hegemonialmacht nicht mehr in die inneren Angelegenheiten der einzelnen Gefolgsstaaten in früherer Form einzumischen gedachte.

Trotzdem kamen die revolutionären Vorgänge, die nach der DDR und der Tschechoslowakei auch Bulgarien und Rumänien erfaßten und zum Sturz der kommunistischen Regime führten, für Gorbatschow überraschend.

Seinen Entschluß, keine Gewalt anzuwenden und damit den endgültigen Verzicht auf die „Breshnew-Doktrin" unterstrich er durch die Verurteilung der bewaffneten Intervention in der Tschechoslowakei 1968 durch die Warschauer Paktstaaten im Dezember 1989. Im gleichen Monat wurde vom „Volkskongreß" auch die Entsendung der sowjetischen Truppen nach Afghanistan und damit die militärische Intervention im Dezember 1979 „moralisch und politisch", wenn auch nicht völkerrechtlich verurteilt.

3. Die zweite Phase der zweiten Hauptetappe — zweiter Abschnitt

Der zweite Abschnitt der zweiten Phase umfaßt die Entwicklung vor dem XXVIII. Parteikongreß der KPdSU, dessen Beginn nunmehr auf Anfang Juli 1990 festgesetzt worden ist.

Die Grundentscheidungen für die Gestaltung der *Innenpolitik* sind auf den Plenartagungen der KPdSU im Februar und März 1990 getroffen worden. Sie wurden vom Obersten Sowjet der UdSSR auf seiner dritten Legislaturperiode, die im Februar 1990 begann, und der bereits im März 1990 einberufenen dritten Tagung des „Volkskongresses" gesetzgeberisch umgesetzt.

Auf dem Februar-Plenum wurde nach heftiger Diskussion eine „Plattform des ZK zum XXVIII. Parteitag" angenommen, die als Ersatz für ein neues Parteiprogramm gedacht ist. Neben dem Verzicht auf das bisherige Machtmonopol der KPdSU sah sie eine Umgestaltung der bisherigen Führungsstruktur von Partei und Staat vor.

Eine weitere Stärkung der Machtstellung Gorbatschows sollte durch die Einführung eines Präsidentenamtes im staatlichen Bereich und durch eine

Umgestaltung der Parteiführung im Sinne eines Präsidialsystems erreicht werden.

Die vorgesehene Änderung des Artikels 6 in der Unionsverfassung bedeutete keinen völligen Verzicht auf die Führungsrolle der KPdSU. Dies war aus der ZK-Plattform und dem Entwurf des neuen Parteistatuts, der auf dem März-Plenum angenommen wurde, zu ersehen.

Die Einführung des Präsidentenamtes, die veränderte Machtstellung der KPdSU, verbunden mit den Ansätzen zu einem Mehrparteiensystem sowie wichtige Wirtschaftsgesetze, die inzwischen vom Obersten Sowjet der UdSSR verabschiedet wurden, machten eine erneut Novellierung der Unionsverfassung notwendig. Sie erfolgte durch das Verfassungsänderungsgesetz der UdSSR vom 14. März 1990.

Die Übertragung einer großen Machtfülle an den Staatspräsidenten war im „Volkskongreß" äußerst umstritten. Gorbatschow wurde daher nur mit 1329 gegen 495 Stimmen auf fünf Jahre zum Präsidenten gewählt. Er war der einzige Kandidat, der vom ZK der KPdSU dem „Volkskongreß" vorgeschlagen wurde. Die nächste Wahl des Staatspräsidenten soll dagegen unmittelbar durch das Volk auf fünf Jahre erfolgen.

Aufgrund seiner umfassenden Kompetenzen hat Gorbatschow als Staatsoberhaupt, von der zeitlichen Begrenzung seiner Amtsdauer abgesehen, sehr viel mehr Macht als der Zar aufgrund der Verfassung Rußlands von 1906. Ein Präsidentenrat, dessen Mitglieder bis auf den Ministerpräsidenten vom Staatspräsidenten ernannt werden, und ein Föderationsrat, dem die höchsten staatlichen Amtsträger der Unionsrepubliken von Amts wegen angehören, stehen Gorbatschow zur Seite. Der Präsidentenrat entspricht in gewisser Hinsicht dem zaristischen Staatsrat vor 1906. Über Ryshkow als Ministerpräsidenten übt er die Kontrolle über die Exekutive, über Lukjanow als neuen Vorsitzenden des Obersten Sowjet der UdSSR — beschränkt auf die Funktion eines Parlamentspräsidenten —, über die parlamentarischen Gremien aus. Zu einem weitgehenden Dekret- und Vetorecht auf dem Gebiete der Gesetzgebung tritt die Entscheidung über die Verhängung des Kriegs- und Ausnahmezustandes. Als Oberster Befehlshaber hat Gorbatschow jetzt die Befugnis, die Mitglieder des sowjetischen Oberkommandos zu ernennen. Durch diese Machtkonzentration wird der autoritäre Charakter des im Umbau befindlichen politischen Systems wesentlich verstärkt. Ihre Rechtfertigung liegt darin, daß dadurch ein beschleunigter Übergang zu einer Marktwirtschaft erreicht werden soll, wobei an einer Rahmenplanung festgehalten wird.

Die rechtliche Umgestaltung der Grundlagen des Wirtschaftssystems hat der Oberste Sowjet der UdSSR in seiner dritten Legislaturperiode mit der Verabschiedung der Gesetze über den Boden, das Eigentum, über die

Wirtschaftsbeziehungen zwischen der Union und den Unionsrepubliken sowie über die Selbstverwaltung und die örtliche Wirtschaft fortgeführt. Die marktwirtschaftliche Umgestaltung des Wirtschaftssystems durch eine „Radikalisierung der Wirtschaftsreform" soll notfalls auf dem Dekretwege erfolgen.

Ein entsprechender Plan, der von Ryshkow im September 1990 vorgelegt werden soll und eine Abkehr von seinem eigenen Wirtschaftsprogramm bedeutet, sieht „auf breiter Front" den Übergang zu marktwirtschaftlichen Methoden vor. Priorität soll dabei die Preis- und Währungspolitik haben.

Mit dieser Wende in der Wirtschaftspolitik geht Gorbatschow ein bemerkenswertes Risiko ein, zu dem er sich anfangs nicht entschließen konnte. Ein nicht minder großes Risiko bildet der von ihm angestrebte föderative Umbau des sowjetischen Vielvölkerstaates. Die Machtkonzentration aufgrund des Präsidentenamtes soll dazu beitragen, diese tiefgehende Umgestaltung ohne größere Einbußen für die Einheit und den Gebietsstand der Sowjetunion durchzuführen.

Zu diesem Zweck ist das Ausscheiden aus dem sowjetischen Staatsverband aufgrund der gesetzlichen Regelung des Sezessionsverfahrens außerordentlich erschwert worden. Außerdem soll einer Sezession, wo eine entsprechende Mehrheit, wie im Falle Litauens, vorhanden ist, durch militärischen und wirtschaftlichen Druck entgegengewirkt werden.

Der Ausgang der Wahlen zu den Repräsentativorganen in den Unionsrepubliken im Februar und März 1990 läßt es fraglich erscheinen, ob Gorbatschow seine Vorstellungen in der Wirtschafts- und Nationalitätenpolitik ohne weiteres verwirklichen kann.

In den meisten Unionsrepubliken haben sich die Kräfte durchgesetzt, die eine größere politische Selbständigkeit oder staatliche Unabhängigkeit anstreben. In stärkerem oder schwächerem Umfang hat sich dabei ein Mehrparteiensystem herausgebildet.

In den großen Städten im innerrussischen Bereich, wie Moskau und Leningrad, haben die Reformgruppen, die eine verstärkte Demokratisierung und noch radikalere Reformmaßnahmen auf dem Gebiete der Wirtschaft fordern, die Mehrheit errungen.

Es wird daher schwer fallen, die „führende Rolle" der KPdSU in einer abgeschwächten Form, an der Gorbatschow vorläufig noch festhält, aufrecht zu erhalten. Ob die vorgesehene Parteireform dazu beitragen kann, wird aus dem Verlauf des XXVIII. Parteikongresses der KPdSU zu ersehen sein. An die Stelle des Politbüros soll aufgrund des Satzungsentwurfs ein umfangreicheres Präsidium treten. Es soll durch den Vorsitzenden des ZK und seinen Stellvertreter, die durch den Parteitag unmittelbar gewählt werden, geleitet werden. Die Übernahme des Amtes eines Parteipräsidenten oder

Beibehaltung des Generalsekretärs in Personalunion mit dem Staatspräsidenten würde einerseits die Machtstellung Gorbatschows festigen, andererseits ihn persönlich für das weitere Schicksal der KPdSU verantwortlich machen.

Durch die personelle Zusammensetzung des Präsidentenrates hat sich Gorbatschow bereits jetzt von der bisherigen Abhängigkeit vom Politbüro und der Mehrheit des Zentralkomitees gelöst. Die vorgesehene Umgestaltung der Parteiführung könnte ihm die Möglichkeit bieten, seine Kritiker unter den Spitzenfunktionären, die gegenteilige Auffassungen im Hinblick auf Glasnost und Perestrojka vertreten, wie Ligatschow, gänzlich auszuschalten.

Die Wechselbeziehung zwischen der Innen- und Außenpolitik ist in der heftigen Auseinandersetzung auf den Plenartagungen des Zentralkomitees im Dezember 1989 und dem Februar-Plenum 1990 deutlich zum Ausdruck gekommen. Der weitgehende Verlust des mittel- und osteuropäischen Vorfeldes der Sowjetunion hat zu scharfen Angriffen auf die vom „neuen Denken" bestimmte *Außenpolitik* Gorbatschows geführt. Dabei war es vor allem Ligatschow, der dessen Osteuropa- und Deutschlandpolitik kritisierte. Die innenpolitischen Schwierigkeiten haben Gorbatschow gezwungen, an der Nichteinmischungspolitik gegenüber den bisherigen sowjetischen Gefolgsstaaten festzuhalten und sich hauptsächlich um eine Regelung der Vereinigung der beiden Teile Deutschlands unter Wahrung der wirtschaftlichen und sicherheitspolitischen Interessen der Sowjetunion zu bemühen. Diesem Zweck diente die Ausarbeitung einer Friedensregelung für Deutschland unter Beteiligung aller vier Siegermächte und der Sicherung des sich verändernden Gleichgewichts im gesamteuropäischen Rahmen durch entsprechende Vereinbarungen.

Sein besonderes Hauptaugenmerk war dabei auf das Zustandekommen eines Abkommens über die Langstreckenraketen mit den Vereinigten Staaten und auf die Verhandlungen über die konventionellen Streitkräfte in Verbindung mit der Fortführung des KSZE-Prozesses gerichtet.

Die Politik Gorbatschows gegenüber der Dritten Welt ist in dieser Phase nach den Frontbegradigungen im afroasiatischen Bereich durch einen Verzicht auf die weltrevolutionären Bestrebungen im lateinamerikanischen Bereich und die fortbestehende Bereitschaft zu einer aktiven Mitwirkung bei der Beilegung regionaler Konflikte, insbesondere im Nahen Osten und Südostasien, bestimmt gewesen.

V. Die innen- und außenpolitischen Perspektiven der Perestrojka

Der XXVIII. Parteitag der KPdSU wird neben der ZK-Plattform und dem neue Parteistatut die Richtlinien für die Innen- und Außenpolitik der Partei zu bestätigen haben. Inwieweit dadurch eine wesentliche Beeinflussung der innen- und außenpolitischen Linie des Staates erfolgen wird, für die jetzt der Präsident und der Volkskongreß zuständig sind, wird sich zeigen.

In jedem Fall wird Gorbatschow in der *Innenpolitik* nach dem Parteitag im Übergang von der zweiten zur dritten Phase eine Reihe von gefährlichen Hindernissen zu überwinden haben.

Die Unzufriedenheit im Parteiapparat über die Demontierung der Alleinherrschaft der KPdSU und den sich ausbreitenden politischen Pluralismus ist groß und verstärkt die bürokratischen Widerstände gegen die Perestrojka. Sie werden durch die dogmatisch-konservative Richtung in der Parteiführung, deren Repräsentant bisher Ligatschow war, geschürt, der an einer zentralen Planwirtschaft mit dem Übergewicht des Staatseigentums festhält. Eine Spaltung der KPdSU wird daher auf die Dauer kaum zu umgehen sein.

Der Regierungsapparat, der durch Ryshkow repräsentiert wird, ist nur zu einer Mischung von Plan- und Marktwirtschaft bereit und lehnt eine zu weitgehende Verwaltungsdezentralisierung ab.

Neben dem Partei- und Regierungsapparat sind die Polizei und die Streitkräfte die beiden weiteren Machtsäulen, auf die Gorbatschow trotz seiner Machtentfaltung Rücksicht nehmen muß. Bei ihrer Umgestaltung stellen sich ähnliche Probleme wie in der Perestrojka der gesamten Gesellschaft. Sie werden durch die Auswirkungen der Nationalitäten- und der Abrüstungspolitik verstärkt.

Gorbatschows ambivalentes Verhältnis zu den Streitkräften hat ihn veranlaßt, sich bisher stärker auf den Polizeiapparat zu stützen, dessen Position durch die Beförderung des KGB-Chefs Krjutschkow zum Politbüromitglied gestärkt worden ist. Im März 1989 sind die Truppen des Inneren Schutzes, die dem MWD, d.h. dem Innenministerium, unterstehen, ebenso wie die Grenzschutztruppen aus den Streitkräften herausgelöst worden. Sie stehen damit zur unmittelbaren Verfügung der Kreml-Führung und sollen zu einer Berufsarmee umgewandelt werden. Sie könnten damit leicht den Charakter einer Prätorianergarde annehmen.

Gorbatschows Versuch, seine Machtstellung im Sinne einer Einmannherrschaft auszubauen, dürfte nur dann wirklich erfolgreich sein, wenn es ihm gelingt, die volle Kontrolle über alle vier Machtsäulen zu gewinnen. Ohne eine solche effektive Kontrolle wird er den Widerstand gegen die Perestrojka in der Hochbürokratie und den Militärs kaum überwinden können.

Eine Schwäche und damit ein weiteres ernstes Hindernis besteht darin, daß Gorbatschow kein „Ideologe" ist. Daher ist eine Reformation der dogmatischen Grundlagen der marxistisch-leninistischen Ideologie, die in den meisten weiter bestehenden Institutionen, insbesondere in der Führungsrolle der KPdSU, ihre Materialisierung gefunden haben, bisher nicht erfolgt. Die ZK-Plattform ist ebenso wie der Grundsatzartikel Gorbatschows „Die sozialistische Idee und die revolutionäre Perestrojka" in der „Prawda" vom 26. November 1989 kaum geeignet, die fehlende ideologische Wende zu ersetzen. Dies wäre nur möglich, wenn Gorbatschow klarer nicht nur aus dem Schatten Stalins, sondern auch Lenins heraustreten würde.

Mit Sicherheit werden die vorgesehenen radikalen Maßnahmen zur Verwirklichung der Wirtschaftsreform, wenn sie nicht von einer baldigen Verbesserung der Versorgung begleitet sind, die Stimmung in der Bevölkerung weiter verschlechtern. Eine Verschärfung der Wirtschaftskrise, zusammen mit der zunehmenden Aggressivität der Nationalitäten, die auf der Verwirklichung ihres Selbstbestimmungsrechts bestehen, würde die politische Polarisierung weiter verstärken. Die Enttäuschung über die Halbheiten der bisherigen Reformpolitik kann durchaus den Anstoß zu einer revolutionären Umwälzung geben.

Auf die Dauer wird es nicht möglich sein, den Reformprozeß durch Teilabänderungen der Unionsverfassung, die zu zahlreichen Widersprüchen geführt haben, rechtlich zu fixieren. Zu lange wird sich daher die Ausarbeitung einer neuen Unionsverfassung nicht hinausschieben lassen. Eine solche „neue Verfassung des Landes", d. h. nunmehr die vierte Bundesverfassung der UdSSR, ist von Gorbatschow in seiner Grundsatzrede vor dem „Volkskongreß" am 30. Mai 1989 angekündigt worden. Er erklärte, daß die Ausarbeitung dieses „wichtigen politischen Dokuments" noch viel Zeit erfordern werde; jetzt „auf dem Höhepunkt der Reformen" sei der ganze Fragenkomplex noch nicht zu übersehen, „der sich im neuen Grundgesetz widerspiegeln soll".

In der neuen Unionsverfassung dürften unter anderem die Kapitel über die Außenpolitik und die Verteidigung im Sinne des „neuen politischen Denkens" neu gefaßt werden.

Die *Außenpolitik* wird weiterhin der Abschirmung der Perestrojka und der Entwicklung einer engeren Zusammenarbeit mit den Industriestaaten zwecks Unterstützung der inneren Reformmaßnahmen dienen. Die Sowjetunion wird außerdem in nächster Zeit ein neues Verhältnis zu ihren früheren Gefolgsstaaten in Mittel- und Osteuropa entwickeln müssen.

Auf dem Wege zu einer europäischen Friedens- und Sicherheitsordnung in Europa, die Gorbatschow als das „gemeinsame europäische Haus" zu charakterisieren pflegt, wird neben den Fortschritten auf dem Gebiete der

Rüstungskontrolle und Abrüstung der endgültigen Regelung der deutschen Frage eine besondere Bedeutung zukommen. Beides wird wesentlich das Verhältnis der Sowjetunion bestimmen, das zugleich entscheidend vom weiteren Verlauf der Reformpolitik Gorbatschows abhängt.

Größere Schritte in Richtung auf eine funktionierende Marktwirtschaft würden verstärkte Möglichkeiten zu einer Kooperation auf wirtschaftlichem und wissenschaftlich-technischem Gebiet eröffnen. Die Herausbildung eines politischen Pluralismus und die Respektierung des Selbstbestimmungsrechts der nichtrussischen Völker würden eine verstärkte Annäherung in politischer und kultureller Hinsicht ermöglichen.

Sollte die geplante „Radikalisierung der Wirtschaftsreform" in einem marktwirtschaftlichen Sinn nicht gelingen und für die nichtrussischen Nationen im Rahmen der Sowjetunion eine neue Form der „Breshnew-Doktrin" geltend gemacht werden, würde dies einen schweren außenpolitischen Rückschlag zur Folge haben.

Die Entspannung und Zusammenarbeit zwischen Ost und West und damit die Politik zur Überwindung der Teilung Europas hängt in entscheidendem Maße von dem Vertrauen in Gorbatschow als Person und sein konzeptionelles außenpolitisches Denken ab. Dieses Vertrauen ist nicht so fest verankert, daß es nicht durch innenpolitische Vorgänge in der Sowjetunion erschüttert werden könnte. Die Unsicherheit über die Kontinuität des tiefgehenden außenpolitischen Kurswechsels, der durch Gorbatschow und die Perestrojka herbeigeführt wurde, bleibt aufgrund der ungewissen innenpolitischen Entwicklung der Sowjetunion weiter bestehen.

Gorbatschow hat in seinem Schlußwort auf dem XXVI. Parteikongreß der KPdSU 1986 die Möglichkeit eines Umschlagens der sowjetischen Außenpolitik in eine andere Richtung, wenn seine Reformpolitik nicht erfolgreich sein sollte, angedeutet. Eine solche Entwicklung läßt sich nicht völlig ausschließen, vor allem, wenn die sozialen Spannungen und politischen Turbulenzen zunehmen sollten und Gorbatschow persönlich etwas zustoßen sollte.

Schrifttumsverzeichnis

Afanassjew, J. (Hrsg.): Es gibt keine Alternative zu Perestrojka: Glasnost — Demokratie — Sozialismus, Nördlingen 1988. — *Bialer*, S.: Der hohle Riese. Die Sowjetunion zwischen Anspruch und Wirklichkeit, Düsseldorf 1987. — *Mc Cauley*, M. (Ed.): The Soviet Union under Gorbačev, New York 1987. — *Gorbačev*, M. S.: Izbrannye reči i stati (Ausgewählte Reden und Aufsätze), 5 Bde, Moskau 1987/88. — *Gorbačev*, M. S.: Perestrojka i novoe myšlenie dlja našej strany i dlja vsego mira (Perestrojka und das neue Denken für unser Land und die ganze Welt), Moskau 1987.

— *Gorbatschow*, M. S.: Glasnost. Das neue Denken, Berlin 1989. — *Jung*, L.: „Wir haben begonnen umzudenken. Michail Gorbatschows Reformkonzept für die UdSSR, Köln 1987. — *Kaiser*, K. / *Schwarz*, H.-D. (Hrsg.): Weltpolitik. Strukturen — Akteure — Perspektiven, 2. Aufl., Bonn 1987. — *Kappeler*, A. (Hrsg.): Umbau des Sowjetsystems, Stuttgart/Bonn 1989. — *Meissner*, B.: Sowjetische Kurskorrekturen. Breshnew und seine Erben, Zürich 1984. — *Meissner*, B.: Das Aktionsprogramm Gorbatschows. Die Neufassung des dritten Parteiprogramms der KPdSU, Köln 1987. — *Meissner*, B.: Die Sowjetunion im Umbruch. Historische Hintergründe, Ziele und Grenzen der Reformpolitik Gorbatschows, 2. Aufl., Stuttgart 1989 (mit ausführlichen Literaturangaben). — *Meissner*, B.: Gorbatschow am „Rubikon", I. Die Perestrojka vom Revolutionsjubiläum bis zum „kleinen Parteitag"; II. Verlauf, Ergebnisse und Folgen der Allunionistischen Parteikonferenz der KPdSU, Osteuropa, 38. Jg., 1988, S. 981-1001, 1061-1090. — *Meissner*, B.: Gorbatschows Umbau des Sowjetsystems, I. Die Verfassungsnovellierung; II. Die begrenzten Wahlen zum „Volkskongreß"; III. Der Umbau des Parteiapparats und das Revirement auf dem April-Plenum des Zentralkomitees; IV. Der „Volkskongreß", die Wahl Gorbatschows zum Staatspräsidenten und die Bildung der obersten Staatsorgane; V. Die Konstituierung und die erste Sitzungsperiode des neuen Obersten Sowjets der UdSSR; VI. Die Regierungsbildung und die Reorganisation der zentralen Staats- und Wirtschaftsverwaltung, „Osteuropa", 39. Jg., 1989, S. 603-617, 702-719 874-883, 995-1020; 40. Jg.;. 1990,S,68-85, 105-114. — *Meissner*, B.: „Neues Denken" und sowjetische Außenpolitik, „Außenpolitik", 40. Jg., 1989, S. 107-125. — *Niiseki*, K. (Ed.): The Soviet Union in Transition Boulder, Colorado 1987. — *Presse- und Informationsamt* (Hrsg.): Die Begegnungen von Moskau und Bonn, 1989. — *Saslawskaja*, T.: Die Gorbatschow-Strategie. Wirtschafts- und Sozialpolitik in der UdSSR, Wien 1989. — *Veen*, H.-J. (Hrsg.): Wohin entwickelt sich die Sowjetunion. Zur außenpolitischen Relevanz innenpolitischer Entwicklungen, Melle 1984. — *Wettig*, G.: Gorbatschow auf dem Lenin-Kurs? Dokumente zur neuen sowjetischen Politik, Köln 1988.

GORBATSCHOWS DEUTSCHLANDPOLITIK

Von Wolfgang Pfeiler

Schon als Michail Gorbatschow Generalsekretär der KPdSU wurde, konnte man in bundesdeutschen oder auch in ausländischen Publikationen immer wieder davon hören oder lesen, daß die sowjetische Führung dabei sei, ihre Deutschlandpolitik grundsätzlich zu überdenken. Je nach politischem Standort wurden dann damit Hoffnungen oder Befürchtungen verbunden. Hoffnungen gab es vor allem bei den Deutschen, während im Ausland eher die Befürchtungen überwogen.

Dabei war es keineswegs so, daß diese Erwartung aus dem Nichts heraus entstanden ist. Sie stützte sich vielmehr in aller Regel auf die eine oder andere Äußerung von sowjetischer Seite. Die meisten dieser Äußerungen waren jedoch nicht eindeutig, sondern eher vage und ambivalent. Sie wurden aber dann so interpretiert, daß sich Erwartungen entwickeln konnten. Je nach politischem Standort waren diese Interpretationen in aller Regel von heißem Wunschdenken auf der einen Seite und von kühlen Worst-Case-Szenarios auf der anderen geprägt. In jedem Falle aber war der Ausgangspunkt immer der, daß die sowjetische Führung frei sei, jederzeit nach Belieben einen neuen Kurs in ihrer Deutschlandpolitik zu steuern.

Nur aus einer solchen isolierten Betrachtungsweise heraus, die einzig und allein die sowjetische Deutschlandpolitik ins Auge faßt, konnten dann Überlegungen entstehen, beispielsweise den Erfolg oder Mißerfolg der Reise des Bundeskanzlers nach Moskau (im Oktober 1988) daran zu messen, ob es ihm gelungen sei, Fortschritte bei der Lösung der deutschen Frage zu erzielen. Das aber ist nicht nur unzulässig, es ist auch irreführend.

Ich möchte mich deshalb in meinem Beitrag mit der Frage befassen, welche politischen Rahmenbedingungen die Haltung der Gorbatschow-Führung in der deutschen Frage bestimmen und wie sich diese auf ihre deutschlandpolitischen Optionen auswirken.

I. Rahmenbedingungen

Jedes deutschlandpolitische Kalkül der Sowjetunion muß die gegebenen politischen Rahmenbedingungen mit ihren Determinanten berücksichtigen.

Fünf zentrale Bedingungen dieser Art lassen sich unterscheiden: Primat der Sicherheit, sowjetische Amerikapolitik, sowjetische Bündnispolitik, Westeuropapolitik und die innenpolitische Umgestaltung, die Perestrojka.

Selbstverständlich sind diese Rahmenbedingungen ihrerseits keine auf ewig festgelegten Faktoren. Gerade unter der Führung von Generalsekretär Gorbatschow ist es hier zu einem nicht unbeträchtlichen Wandel gekommen.

Ein Prozeß des Umdenkens über Sicherheitspolitik hatte unter Gorbatschow und Außenminister Schewardnadse schon bald eingesetzt. Nicht mehr die absolute, sondern relative, wechselseitige, interdependente Sicherheit steht nunmehr im Vordergrund der sowjetischen Diskussionen. Stärker als bisher sollen politische Instrumente die Sicherheit gewährleisten, und die konventionellen Streitkräfte sollen stärker defensiv orientiert werden.

In den sowjetisch-amerikanischen Beziehungen hat es ein Rapprochement gegeben. Noch nie in der Nachkriegszeit waren diese Beziehungen so gut wie in der Gegenwart. Der Dialog der Weltmächte geht weiter und erstreckt sich auf immer mehr Gebiete, einschließlich der Deutschen Frage.

Was Westeuropa betrifft, so hat man begonnen, den politischen Integrationsprozeß mit neuen Augen zu sehen. Beziehungen zwischen RGW und EG wurden aufgenommen. Vor allem aber wurden die Beziehungen zur Bundesrepublik Deutschland verbessert. Und anders als früher richtet sich die sowjetische Politik gegenwärtig nicht mehr darauf aus, das NATO-Bündnis aufzubrechen. Die destabilisierende Wirkung eines Rückzuges der USA aus Europa wird immer deutlicher gesehen. Botschafter Kwizinski hat sogar mehrfach erklärt, daß die Zugehörigkeit der Bundesrepublik Deutschland zur NATO ein stabilisierender Faktor in Europa sei.

Sehr unterschiedlich hat sich unter Gorbatschow die innenpolitische Umgestaltung entwickelt. Während sich das Prinzip Glasnost weithin durchgesetzt hat, ist die ökonomische Perestrojka ohne die erwarteten Erfolge geblieben und vorerst auf Eis gelegt worden. Veränderungen in der sowjetischen Gesellschaft und vor allem im politischen System sollen aber die Perestrojka mittelfristig doch noch auf Erfolgskurs bringen. Als wesentlicher Störfaktor dieser Entwicklung stellt sich inzwischen die Nationalitätenfrage dar. Die damit verbundenen Problemkomplexe beanspruchen den größten Teil der Zeit der sowjetischen Entscheidungsträger.

Besonders dramatisch hat sich die sowjetische Bündnispolitik entwickelt. Der Spielraum, den die UdSSR ihren Verbündeten in Europa einräumte, wurde immer größer. Die Bündnisvormacht probierte neue, tolerantere Führungsmethoden. Die sogenannte Breschnew-Doktrin wurde aufgegeben. Überall begann ein Prozeß des Machtverlustes der bisherigen kommunistischen Elite. Dieser Prozeß erfaßte auch die DDR und führte zur Öffnung der Mauer.

Diese fünf Bereiche sowjetischer Politik bilden gewissermaßen den übergeordneten Rahmen, ein System von miteinander verknüpften Variablen, aus dem sich dann die Entscheidungsprämissen für die eine oder andere deutschlandpolitische Option ableiten.

II. Optionen

Eine der Invarianten sowjetischer Nachkriegspolitik ist die Grundsatzorientierung, keine der verfügbaren Optionen ohne Notwendigkeit aufzugeben. Offenhalten von Optionen heißt in der konkreten politischen Praxis nicht nur das Festhalten an den politischen, territorialen und rechtlichen Positionen. Es heißt vor allem auch, daß gegenwärtig keine politischen Entscheidungen zugunsten einer Option getroffen werden, die zu Lasten einer anderen Option gingen. Deshalb ist es auch möglich, Optionen gleichzeitig offenzuhalten, die nur schwierig miteinander vereinbar sind. Die Entscheidung für eine konkrete Politik im Sinne der einen oder anderen Option ist gewissermaßen in die Zukunft vertagt worden. Sie ist nicht an gegenwärtige Präferenzen, sondern an künftige Entwicklungen bei den Rahmenbedingungen gekoppelt.

In der praktischen Politik sprach so die Mehrzahl der Faktoren dafür, daß die Sowjetunion an ihrer gegenwärtigen Deutschlandpolitik festhält, die zu den Teilungsoptionen gehört. Sie hat sich aus sowjetischer Sicht in der Vergangenheit eher recht als schlecht bewährt und trug der Stabilität des sowjetischen Bündnissystems Rechnung. Ein Status quo plus erschien hier für die UdSSR durchaus als möglich, und zwar in zweierlei Hinsicht:

— Im Kreml könnte man sich Chancen ausrechnen, die Eliten und die Öffentlichkeit der Bundesrepublik erfolgreicher als bisher zu beeinflussen. Das könnte mit der Zielrichtung geschehen, die amerikanische Politik auf diesem Umweg zu beeinflussen, könnte aber auch unabhängig davon auf eine Option hin arbeiten, die ich „Quasi-Neutralisierung" nennen möchte. Das hieße, daß die Bundesrepublik wie bisher in all ihren Bündnisverpflichtungen bleibt, in diesem Rahmen aber keine konsequent westliche Bündnispolitik mehr mitbetreiben würde. Vieles spricht dafür, daß dies aus sowjetischer Sicht sinnvoller erscheinen könnte als der ohnedies wenig reale Versuch, die Bundesrepublik aus ihren Bündnissen herauszulösen.

— Andererseits könnte es dem sowjetischen Interesse noch mehr entsprechen, bei den deutsch-deutschen Beziehungen weiteren Verbesserungen zuzustimmen. Für uns Deutsche besteht hier das zentrale Moment darin, daß auch eine noch weitergehende und stärkere Intensivierung der innerdeutschen Beziehungen möglich ist, ohne dadurch in Widerspruch zu essentiellen sowjetischen Interessen zu geraten. So wurde es in der zweiten Hälfte der 80er Jahre immer wahrscheinlicher, daß man sowjetischerseits die Einheit der deutschen Nation auf der Grundlage der Zweistaatlichkeit ausbauen könnte.

III. Gorbatschows Stellungnahmen

Das Festhalten an der bisherigen Option der Deutschlandpolitik — und der Wahrung der übrigen deutschlandpolitischen Optionen — kommt auch in den Stellungnahmen von Generalsekretär Gorbatschow deutlich zum Ausdruck. Mehrmals hat sich der sowjetische Führer im Laufe der Jahre hierzu konkret geäußert.

Auf die Frage eines italienischen Korrespondenten, ob nicht 40 Jahre nach Kriegsende die Vereinigung der beiden deutschen Staaten auf der Tagesordnung stünde, antwortete er: „Ich denke, diese Frage ist auf der Beratung in Helsinki sehr eingehend erörtert und beurteilt worden. Der Helsinki-Prozeß und die Schlußakte, die von allen Staaten Europas, aber auch von den USA und Kanada, unterschrieben worden ist, ist unsere gemeinsame Errungenschaft. Der Helsinki-Prozeß verdient es, daß wir ihn unterstützen und auf jede mögliche Weise weiterentwickeln. Gerade die Ergebnisse von Helsinki geben so die Antwort auf die von Ihnen gestellte Frage."[1] In der Schlußakte der KSZE von 1975 findet sich aber nun nur eine einzige diesbezüglich anwendbare Aussage, daß nämlich existierende europäische Grenzen auch in Zukunft auf friedliche Weise und im gegenseitigen Einvernehmen unter Beachtung des Völkerrechts geändert werden können. Wenn man Gorbatschows Stellungnahme in diesem Sinne auf die deutsche Frage anwendet, so heißt das, daß auch die Grenze zwischen den beiden deutschen Staaten im gegenseitigen Einvernehmen und auf friedliche Weise unter Beachtung des Völkerrechts eines Tages aufgehoben werden könnte.

Diese Perspektive findet sich auch in seinem Perestrojka-Buch: „Ganz gleich, was Ronald Reagan und andere westliche Regierungschefs in dieser Hinsicht sagen, sie können der BRD bezüglich der sogenannten „deutschen Frage" kein realistisches Angebot machen. Was hier historisch geformt wurde, sollte am besten der Geschichte überlassen bleiben. Das gilt auch für die Frage nach der deutschen Nation und nach den Formen deutscher Eigenstaatlichkeit. — Was jetzt wichtig ist, ist der politische Aspekt. Es gibt

---

[1] Michail Gorbaćev (Antwort auf die Frage des Korrespondenten der italienischen Zeitung Mattino), Pravda, 22.11.1985, S. 2.

zwei deutsche Staaten mit unterschiedlichen gesellschaftlichen und politischen Systemen. Jeder hat seine eigenen Wertvorstellungen. Beide haben aus der Geschichte Lehren gezogen, und jeder von ihnen kann seinen Beitrag leisten für die Sache Europas und der Welt. Was in hundert Jahren sein wird, das soll die Geschichte entscheiden. Einstweilen jedoch sollte man von den bestehenden Tatsachen ausgehen und sich nicht zu Spekulationen hinreißen lassen."[2] So hatte er es auch dem Bundespräsidenten bei dessen Besuch in Moskau gesagt.

In einem Spiegel-Gespräch unmittelbar vor dem Kanzlerbesuch 1988 in Moskau hat er dann noch einmal bekräftigt, was er zu dieser Frage bisher gesagt hatte. „Es kann keine unterschiedlichen Meinungen darüber geben, daß das Schicksal der Deutschen mit den Geschicken von ganz Europa mit dessen Fortschritt unter den Bedingungen der vollen Sicherheit aller unlöslich verbunden ist, das heißt, mit den Perspektiven des Aufbaus des europäischen Hauses. Jeder Versuch, die Grenzen zwischen den souveränen deutschen Staaten zu schleifen, gar dabei Kraftmeierei zu betreiben, wäre unakzeptabel, wenn nicht katastrophal."[3] Nichts anderes hat dann der Bundeskanzler bei seinem Besuch in Moskau zu hören bekommen. Und auch beim Gegenbesuch Gorbatschows im Juni 1989 war das nicht anders. Aus westdeutscher Sicht wäre eine Erklärung wünschbar gewesen, die auf die Existenz der offenen deutschen Frage verweist. Dies wurde beim Kanzler-Besuch im Kreml von Gorbatschow schroff zurückgewiesen, und in Bonn vermied es der sowjetische Partei- und Staatschef, direkt auf diese Frage einzugehen. Einerseits wurde in der Grundsatzerklärung das Recht aller Völker — mithin also auch des deutschen Volkes — auf Selbstbestimmung ausdrücklich hervorgehoben, andererseits sprach Gorbatschow vom „Volk der Bundesrepublik", als ob es in Deutschland zwei oder gar drei Völker gäbe. Offensichtlich war, daß Moskau angesichts der gegebenen politischen Rahmenbedingungen den nationalen und vor allem den territorialen Aspekt der deutschen Frage weiterhin nicht aufgeworfen sehen wollte.

So sprach trotz mancher westlicher Spekulation kaum etwas für die Erwartung, daß die Gorbatschow-Führung in absehbarer Zeit eine grundsätzliche Änderung der Deutschlandpolitik ins Auge faßte. Die Struktur sowjetischer Deutschlandpolitik seit 1975, die zu den Teilungsoptionen gehört, blieb bis auf weiteres zentrales Element sowjetischer Westpolitik. Die fünf genannten Rahmenbedingungen und die damit verbundenen Probleme beschäftigten die sowjetische Führung in einem solchen Maße, daß sie sich offensichtlich nicht auch noch mit der deutschen Frage belasten würde.

---

[2] Michail Gorbaćev: Perestrojka i novoe myślenie dlja naśej strany i dlja vsego mira, Moskva 1987, S. 209.

[3] Spiegel-Gespräch mit Michail Gorbatschow, Der Spiegel 43/1988, S. 30.

Andererseits ist die gesamtdeutsche Option als solche niemals aufgegeben worden. Gorbatschow hat ja gerade unterstrichen, daß nur die Sowjetunion — und nicht irgendein westlicher Führer — überhaupt „realistische" Angebote in dieser Hinsicht machen könne. Darüber hinaus konnten seine Stellungnahmen eigentlich nur so interpretiert werden, daß er die deutsche Frage als historisch weiterhin offen ansah. Unter den obwaltenden Rahmenbedingungen hatte sich die sowjetische Führung damit für die Fortsetzung ihrer früheren deutschlandpolitischen Option entschieden, ohne jedoch eine der anderen Optionen für die Zukunft aufzugeben.

Man wird also immer berücksichtigen müssen, daß die sowjetische Deutschlandpolitik in den Kontext ihrer globalen Politik eingebunden bleibt. Dies gilt in ganz besonderem Maße für den sowjetischen Sicherheitsprimat. Die Wiedervereinigung Deutschlands ist nicht eine Sicherheitsgarantie für Ost und West per se. Sie müßte vielmehr in einer solchen Weise konzipiert und praktiziert werden, daß sie sowjetischen Sicherheitsinteressen entspricht. Es ist undenkbar, daß eine beliebige sowjetische Führung den Gewinn, den die Deutschen mit ihrer Einheit erzielen würden, mit einem Verlust an sowjetischer Sicherheit verknüpfen könnte. Zuallermindest muß der sowjetische Gewinn an Sicherheit so groß sein, daß die UdSSR den Gewinn der Deutschen in Kauf nehmen kann. Solange das nicht der Fall ist, wird die sowjetische Führung auch weiterhin der Meinung bleiben, „daß die Stabilität und die Unantastbarkeit der bestehenden Realitäten, die nach dem Zweiten Weltkrieg entstanden und völkerrechtlich verankert sind, die zuverlässigste Garantie einer friedlichen und ruhigen Entwicklung Europas sind. Sie gründet sich auf die Tatsache, daß auf deutschem Boden zwei deutsche Staaten — die DDR und BRD — existieren".[4] In dieser Aussage des sowjetischen Außenministers von 1987 erscheint die deutsche Zweistaatlichkeit erneut als die bisher zuverlässigste Sicherheits- und Stabilitätsgarantie. Diese Auffassung hat Schewardnadse auch drei Jahre später wieder nachdrücklich verdeutlicht, als er die deutsche Frage als das Kernstück der europäischen Sicherheit bezeichnete. Jede Annäherung der beiden deutschen Staaten müsse mit dem gesamteuropäischen Prozeß und der Reduzierung der Rüstungspotentiale verbunden werden.[5]

Diese grundsätzliche Position ist auch in der Zwischenzeit mehrfach bestätigt und konkretisiert worden. So hieß es in einem Pravda-Artikel mit der Überschrift „Gefährlicher Archaismus. ‚Deutsche Frage' und Neues Denken", daß es jetzt auf die politischen Realitäten ankäme. „Es gibt zwei deutsche Staaten mit unterschiedlicher sozial-ökonomischer Ordnung. So

---

[4] Eduard Schewardnadse bei seinem Besuch in Berlin (Ost), Presse- und Informationsamt der Bundesregierung (im folgenden BPA-Ostinfo) (Hrsg.), Ostinformationen, 4.2.1987, S. 8.

[5] Neues Deutschland, 19.1.1990, S. 1.

soll es auch bleiben im Interesse der Gewährleistung der Stabilität, der Errichtung des gesamteuropäischen Hauses ... Was jedoch in hundert Jahren sein wird, wird die Geschichte entscheiden. Jedes andere Herangehen wäre unannehmbar. Wenn jemand einen anderen Weg gehen möchte, so würden die Folgen äußerst ernst sein."[6]

Von besonderer Bedeutung erwies sich ein Artikel, der im Juli 1988 unter dem Titel "Die Deutschen und wir" in der Literaturzeitung erschien.[7] Die Besonderheit ergab sich daraus, daß eine erweiterte Fassung dieses Aufsatzes in deutscher Sprache in der von der sowjetischen Botschaft herausgegebenen Zeitschrift "Sowjetunion heute" als Leitartikel erschien und einem weiteren Beitrag über die sowjetischen Erwartungen vor dem UdSSR-Besuch von Bundeskanzler Kohl gewissermaßen als Einführung vorangestellt wurde. Hier wird klar von der Einheit der deutschen Nation ausgegangen. Es gäbe keine Nationalität „DDRler" oder BRDler" oder „Westberliner". „Es gibt Deutsche. Unterscheiden sie sich voneinander? Es mag sein, daß sie sich tatsächlich voneinander unterscheiden. Aber sind aus den Ost- und den Westdeutschen verschiedene Völker geworden? Ich glaube, dazu war die historische Zeit der getrennten Entwicklung zu kurz ... Schließlich sind sie gleicher Abstammung, sind ihnen allen Jahrhunderte einer gemeinsamen Vergangenheit, einer traditionsreichen Kultur, von den Vorfahren übernommene Sitten und Bräuche sowie die gleiche nationale Mentalität eigen, tragen sie gemeinsam Verantwortung für den vergangenen Krieg. Die Staatsgrenze von heute läßt sich nicht in die Vergangenheit verlängern. Wenn wir unsere Beziehungen mit jedem der beiden deutschen Staaten gesondert gestalten und dabei unser ungleiches Verhalten zu ihrer Staats- und Gesellschaftsordnung berücksichtigen sowie die immer offensichtlicher werdenden Unterschiede in der Denk- und Lebensweise der Deutschen in der DDR und in der Bundesrepublik in Betracht ziehen, so dürfen wir doch nie vergessen, daß wir es dennoch mit *Deutschen* zu tun haben."[8]

Eine solche Betrachtungsweise entspricht auch dem was in der sowjetischen Theorie der Nation über die Beständigkeit von Nationen generell ausgesagt wird.[9] Diese erscheinen als ethnische Invarianten, die auch in der sehr langfristigen Perspektive nicht verschwinden werden.

---

[6] V. Michajlov: Opasnyj archaizm. „Germanskij vopros" i novoe myślenie, Pravda, 24.4.1988, S. 4.

[7] Leonid Poćivalov: Nemcy i my, Literaturnaja Gazeta, 20.7.1988, S. 14.

[8] Wir und die Deutschen, Sowjetunion heute, 10/1988, S. 4-7.

[9] Vgl. ausführlich Wolfgang Pfeiler: Deutschlandpolitische Optionen der Sowjetunion (Bd. 63 der im Auftrag der Konrad-Adenauer-Stiftung von Hans-Joachim Veen und Peter R. Weilemann hrsg. Forschungsberichte), Melle/Sankt Augustin 1988, S. 121-128.

Nation aber ist in der sowjetischen Nationentheorie nicht primär mit Staatlichkeit verbunden. Mehrere Nationen können in einem Staat leben, und eine Nation kann in mehreren Staaten leben. Letzteres aber galt im Hinblick auf die Deutschen als eine unverzichtbare politische Notwendigkeit in Europa. „Es gibt zwei deutsche Staaten mit verschiedenartiger sozialpolitischer Ordnung. Das ist eine Realität unserer Zeit. Und vielen ist klar, daß es im Namen der Stabilität im gesamteuropäischen Haus auch weiterhin so bleiben muß."[10] Die Zweistaatlichkeit der Deutschen wurde also immer wieder mit Fragen der Sicherheit und der Stabilität verknüpft.

In diesem Rahmen strebte und strebt die Gorbatschow-Führung erweiterte und vertiefte Zusammenarbeit mit der Bundesrepublik Deutschland an. Die Ergebnisse der beiden deutsch-sowjetischen Gipfeltreffen lassen diese Orientierung sehr deutlich erkennen.

Konkrete Ergebnisse
der beiden Treffen zwischen Kohl und Gorbatschow[11]

Politisches Kernstück der insgesamt erzielten Ergebnisse ist die am 13. Juni 1989 in Bonn unterzeichnete „gemeinsame Erklärung". Dieses Grundsatzdokument stellt eine Art Fortschreibung des Moskauer Vertrages vom August 1970 dar. Es umfaßt prinzipielle Aussagen zu globalen Fragen sowie zu den Grundlagen und der künftigen Gestaltung der Europa-, der Sicherheitspolitik und der deutsch-sowjetischen Beziehungen. Bemerkenswert ist der Umstand, daß sich die Sowjetunion in einem *Regierungsdokument* zu Grundsätzen wie den folgenden bekennt:

— Der Mensch mit seiner Würde und seinen Rechten hat im Mittelpunkt der Politik zu stehen;
— Das Recht aller Völker und Staaten, ihr Schicksal frei zu bestimmen, das Recht, das eigene politische und soziale System frei zu wählen;
— Der *Vorrang* des Völkerrechts in der inneren und internationalen Politik und damit verbunden
— Die *uneingeschränkte* Achtung der Grundsätze und Normen des Völkerrechts und dabei insbesondere die Achtung des Selbstbestimmungsrechts der Völker.

In bezug auf die *Europa-Politik* werden im Text sowohl der Bonner Begriff einer „europäischen Friedensordnung" als auch die Moskauer Formel eines „gemeinsamen europäischen Hauses" angeführt. Ausdrücklich bestätigt wird dabei die Zugehörigkeit der USA und Kanadas zu diesem Prozeß.

---

[10] L. Poćivalov, a.a.O. (Anm. 7), S. 14.
[11] S. a. Magarditsch A. Hatschikjan / Wolfgang Pfeiler: Deutsch-sowjetische Beziehungen in einer Periode der Ost-West-Annäherung, Deutschland Archiv, 8/1989, S. 884-889.

Im Hinblick auf *Berlin (West)* ist der Passus enthalten, daß es an der Entwicklung der Zusammenarbeit unter strikter Einhaltung und voller Anwendung des Vier-Mächte-Abkommens von 1971 teilnimmt.

Neben der Grundsatzerklärung wurden — faßt man die Ergebnisse von Moskau und Bonn zusammen — insgesamt 23 einzelne Abkommen und Vereinbarungen geschlossen. Im komprimierten Überblick:

— Abkommen über die Zusammenarbeit auf dem Gebiet des Umweltschutzes. Vor allem sollen gemeinsame Initiativen zum Schutz der Ostsee ergriffen werden.

— Abkommen zur kulturellen Zusammenarbeit. Hier geht es vor allem darum, den Austausch zwischen sowjetischen und deutschen wissenschaftlichen Instituten zu intensivieren. Als Ergänzung wurde in Bonn ein Abkommen zur Verstärkung und Erweiterung der Zusammenarbeit auf dem Gebiet der Hochschulen und Wissenschaft für die Jahre 1989 bis 1991 unterzeichnet. Es handelt sich hierbei um die Festschreibung eines einseitigen Bonner Angebots, das über die schon im kulturellen Zwei-Jahres-Ausführungsprogramm vereinbarten Maßnahmen hinausgeht.

— Abkommen über die Verhütung von Zwischenfällen auf See außerhalb der Hoheitsgewässer. Dieses Abkommen (zwischen UdSSR und USA gibt es schon lange ein solches) ist das erste militärisch relevante bilaterale Abkommen zwischen Bundesrepublik und Sowjetunion und hat deshalb auch hohe symbolische Bedeutung.

— Abkommen über die Förderung der Zusammenarbeit von Unternehmen, Firmen und Organisationen im Bereich der Nahrungsmittelindustrie. Die UdSSR hat ein sehr dringliches Interesse daran, die Verarbeitung, Verpackung und Verteilung ihrer Nahrungsmittel schnell zu verbessern.

— Abkommen über wissenschaftlich-technische Zusammenarbeit auf dem Gebiet der Erforschung und Nutzung des Weltraums zu friedlichen Zwecken. Ein deutscher Kosmonaut soll bei einem der nächsten sowjetischen Weltraumflüge dabei sein. Irgendwelche COCOM-Technologie wird für diese Kooperation nicht benötigt. Vielmehr erhofft sich die deutsche Seite Zugang zu sowjetischem Weltraum-Know-how.

— Abkommen über die wechselseitige Information bei Unfällen in Kernkraftwerken. Hier geht es vor allem auch darum, den Sicherheitsstandard der Kernkraftwerke in der UdSSR mit Hilfe westdeutschen Know-how zu verbessern. Auch hierfür wird keine COCOM-Technologie benötigt. In Bonn wurde verabredet, durch einen ergänzenden Notenwechsel den Informationsaustausch zu verbessern. In dem Notenwechsel werden Referenzanlagen für den Vergleich von Auslegungsmerkmalen genannt und die auszutauschenden Informationen spezifiziert.

— Abkommen über die Errichtung und die Tätigkeit von Kulturzentren. Es schafft die Voraussetzungen für die Einrichtung einer Zweigstelle des

Goethe-Instituts in Moskau sowie eines sowjetischen Kulturinstituts in Stuttgart.
— Abkommen über die Einrichtung einer direkten Nachrichtenverbindung zwischen dem Bundeskanzleramt und dem Kreml.
— Abkommen über Schüler- und Lehreraustausch im Rahmen von Schulpartnerschaften. Es sieht einen jährlichen Austausch von 40 Schülergruppen, mindestens drei Lehrern, die im Partnerland ihre Muttersprache als Fremdsprache unterrichten, sowie von insgesamt 35 Lehrern der jeweiligen Partnersprache zwecks sprachlicher Ausbildung vor.
— Abkommen über den Jugendaustausch. Es handelt sich hierbei um ein Rahmenabkommen, das die Voraussetzungen für die Bildung eines gemeinsamen Rates für Jugendaustausch schafft, der sich aus Vertretern staatlicher und kommunaler Stellen sowie der Jugendverbände zusammensetzen wird. Dieser Rat soll sowohl einige Austauschprogramme entwickeln als auch den Jugendverbänden beider Staaten Empfehlungen für deren Austauschprojekte geben.
— Abkommen über die Zusammenarbeit beim Kampf gegen den Mißbrauch von Sucht- und psychotropen Stoffen und deren unerlaubten Verkehr. Es enthält eine vertragliche Regelung über Informationsaustausch und sieht regelmäßige Treffen von Fachleuten der zuständigen Polizeibehörden vor. Eine Kooperation bei der Vorbeugung sowie der Heilung und Rehabilitation von Suchtkranken wird in Aussicht gestellt.
— Vertrag über die Förderung und den gegenseitigen Schutz von Kapitalanlagen. Dadurch werden — insbesondere für mittelgroße Unternehmen — die Voraussetzungen für Kapitalinvestitionen in der UdSSR verbessert. Jegliche Diskriminierung wird verboten. Für den Investor heißt dies, daß er ungehindert Rohstoffe und Energie beziehen kann und freien Zugang zum Arbeits- und zum Absatzmarkt bekommt. Es wird umfassender Enteignungsschutz gewährleistet.
— Abkommen über Arbeitsschutz und berufliche Rehabilitation. Es handelt sich hierbei um eine Ergänzung zum Ausbildungsprogramm, das weiter unten ausführlicher zusammengefaßt wird. Sowjetischen Fachleuten sollen in der Bundesrepublik Kenntnisse und Erfahrungen über Arbeitsschutz und berufliche Rehabilitation vermittelt werden, die sie dann in der UdSSR weitergeben.
— Abkommen über eine vertiefte Zusammenarbeit in der Aus- und Weiterbildung von Fach- und Führungskräften der Wirtschaft. Bereits in Moskau war darüber eine erste Vereinbarung getroffen worden. In den Jahren 1989 bis 1991 sollen 1000 sowjetische Fach- und Führungskräfte die Möglichkeit bekommen, sich mit moderner Betriebsführung und auch mit Möglichkeiten und Methoden des Absatzes für sowjetische Produkte in der Bundesrepublik vertraut zu machen. Diese Vereinbarung soll die

sowjetischen Bemühungen unterstützen, die bisherige Zentralwirtschaft auf Marktwirtschaft und Wettbewerb umzustellen. Erste Unterweisungen in der Bundesrepublik Deutschland haben schon stattgefunden.

— Abschluß der Verhandlungen über die Rückführung der im Bundesarchiv in Koblenz lagernden Teile des Stadtarchivs von Reval/Tallinn und der im Staatlichen Zentralarchiv der UdSSR in Moskau befindlichen Teile der Hansearchive von Bremen, Hamburg und Lübeck. Durch die Unterzeichnung einseitiger Noten wurde vereinbart, die Akten in vollem Umfang bis spätestens Oktober 1990 auszuhändigen.

Zu den Gesamtergebnissen beider Besuche sind auch diejenigen Übereinkünfte zu zählen, die nicht auf Regierungsebene angesiedelt sind. So wurde in Moskau mit einem deutschen Bankenkonsortium unter Führung der „Deutschen Bank" ein Rahmenkreditvertrag zur Förderung der Modernisierung der sowjetischen Konsumgüter- und Nahrungsmittelindustrie unterschrieben. Ähnlich wie bei den amerikanisch-sowjetischen Kreditvereinbarungen handelt es sich hier um Privatkredite im Umfang von einer Milliarde Rubel, die jedoch zweckgebunden für die Leichtindustrie sind. Das ist der Bereich, in den die Mehrzahl der ca. 30 bereits geschlossenen neuen Verträge zwischen westdeutschen und sowjetischen Firmen fällt. Ca. 200 Unternehmen verhandeln z. Z. weiter.

Ebenfalls in Moskau wurde zwischen der Deutschen Gesellschaft für Auswärtige Politik und dem Europa-Institut der Akademie der Wissenschaften der UdSSR die Einrichtung eines Gesprächsforums vereinbart. Hier handelt es sich um eine regierungsunabhängige Gesprächsrunde zu Fragen der internationalen Beziehungen und der Sicherheitspolitik. Das erste Forum hat bereits im März 1989 in Bonn stattgefunden.[12]

In einigen wenigen Fällen konnte über Vereinbarungen, die nach den ursprünglichen Plänen in Bonn hätten unterzeichnet werden sollen, kein Einvernehmen erzielt werden. Dies betraf die Abkommen über die Binnenschiffahrt und die Seeschiffahrt sowie die Projektliste zum bestehenden Weltraumabkommen. Die Ursachen hierfür lagen in Differenzen über die Einbeziehung West-Berlins. Im Hinblick auf die Schiffahrtsabkommen bezogen sich diese Differenzen auf die Beflaggung West-Berliner Schiffe. Von sowjetischer Seite wurde aber eine baldige Lösung in Aussicht gestellt. In Zusammenhang mit der Projektliste ist die Mitfahrt eines deutschen Astronauten in einer sowjetischen Raumkapsel grundsätzlich nicht umstritten, doch muß es sich dabei theoretisch auch um einen Berliner handeln können.

---

[12] Die Referate und Dokumente dieser Pilotveranstaltung liegen inzwischen vor: Forschungsinstitut der Deutschen Gesellschaft für Auswärtige Politik (Hrsg.), Birgit Kreikemeyer (Red.), I. Gesprächsforum Bundesrepublik Deutschland — UdSSR. Wege zu einem künftigen Europa, Bonn 1989.

Ungeachtet der bemerkenswerten Fülle von Vereinbarungen bleiben natürlich in einer Reihe von Fragen Divergenzen und prinzipielle Meinungsunterschiede bestehen, die sich auch weiterhin auf das sowjetisch-deutsche Verhältnis auswirken werden.

— Nach wie vor muß sich Bonn gegen sowjetische Versuche wehren, in sowjetisch-deutsche Dokumente Formulierungen aufzunehmen, die sicherheitspolitische Entscheidungsprozesse der westlichen Allianz beeinträchtigen oder belasten könnten. In der Grundsatzerklärung wurde diese Frage, die in Zusammenhang mit der Modernisierung von in der Bundesrepublik stationierten Nuklearwaffen von Bedeutung ist, durch die bereits beschriebene Formel gelöst, in der die Kurzstreckenraketen als Verhandlungsgegenstand nicht ausdrücklich genannt sind. Bonn verzichtete nach den Brüsseler Beschlüssen der NATO darauf, als Verhandlungsziel die partielle Reduzierung zu erwähnen, da ansonsten als sowjetisches Gegen-Angebot die dritte Null-Lösung zu erwarten gewesen wäre. Ferner muß sich die Bundesrepublik in diesem Bereich gegen sowjetische Versuche verwahren, die in Moskau mißtrauisch beobachtete deutsch-französische Zusammenarbeit in der Sicherheitspolitik zu torpedieren.

— Im Hinblick auf Berlin (West) gibt es immer noch und immer wieder Probleme und offene Fragen. Die Bundesregierung besteht darauf, daß bei allen Vereinbarungen Berlin voll und ganz in die Verträge und Abkommen mit einbezogen werden muß. Die Sowjetunion akzeptierte zwar im Prinzip die Teilnahme Berlins am westlichen Leben (Europäische Gemeinschaft und Bundesrepublik), war aber nicht bereit, beim Berlin-Status Zugeständnisse zu machen. Von Bonner Seite wurde eine allgemeingültige Formel für die Einbeziehung Berlins in deutsch-sowjetische Abkommen angestrebt, womit sich die zuweilen mühseligen Verhandlungen in jedem Einzelfall erübrigen würden. Darüber hinaus gab es weitere besondere Schwierigkeiten, wie z. B. die Nicht-Gleichbehandlung Berliner Bundestagsabgeordneter bei Besuchen in der UdSSR oder die Probleme von in Berlin ansässigen Bundeseinrichtungen (wie z. B. dem Umweltbundesamt) bei der Zusammenarbeit mit sowjetischen Institutionen.

Langfristige Perspektiven der Zusammenarbeit mit der Bundesrepublik

Über die Bereiche hinaus, in denen konkrete Vereinbarungen bereits zustandegekommen sind, bzw. mit ihnen verbunden, bestehen in verschiedenen Feldern interessante Möglichkeiten für eine langfristig angelegte Zusammenarbeit:

— Die sowjetische Führung ist sich im klaren darüber, daß ihr Verfassungs- und Rechtswesen völlig unterentwickelt ist. In der Bundesrepublik gibt es verschiedene Institutionen, die bereit sind, Beiträge zur schnelleren Entwicklung sowjetischer Rechtsstaatlichkeit zu leisten.
— Eine Arbeitsgruppe für rechtliche Fragen wurde gebildet, die sich mit Fragen des Völkerrechts, insbesondere des Seerechts, und mit der Bekämpfung von Terrorismus und Rauschgiftsucht befassen wird.
— Die Gorbatschow-Führung ist offenbar zu der Auffassung gelangt, daß die Kirchen in der Sowjetunion einen wesentlichen Beitrag zur moralischen Stabilisierung der Bevölkerung leisten können. Deshalb zeichnen sich auch für die Zusammenarbeit zwischen sowjetischen und deutschen Kirchen günstige Perspektiven ab.
— Die sowjetische Telekommunikationsstruktur ist sehr rückständig. Westdeutsche Technologie und westdeutsches Know-how könnten hier zu einer unionsweiten Verbesserung der Situation beitragen. Dies wäre zugleich auch ein Beitrag zur weiteren Öffnung der sowjetischen Gesellschaft. Die Sowjetunion will noch prüfen, ob sie den bilateralen Telefonverkehr erweitern kann.
— Die sowjetische Regierung äußerte Verständnis dafür, daß die Bundesregierung Anteil an den Problemen der in der Sowjetunion lebenden Deutschen nimmt. Dieses Verständnis für die Lage dieser Menschen (über 2 Millionen Menschen) hat sich schon darin ausgedrückt, daß man seit 1988 zehntausende von Deutschen hat auswandern lassen, deren Vorfahren vor Jahrhunderten nach Rußland eingewandert waren. Die sowjetische Führung überlegt, in welcher Form eventuell ein Autonomiestatut für die Sowjetdeutschen gefunden werden kann.
— Sowohl die sowjetische als auch die deutsche Seite haben nach beiden Besuchen davon gesprochen, daß das Eis nun gebrochen und daß ein neues Kapitel im Buch der Beziehungen zwischen Moskau und Bonn aufgeschlagen worden sei. Der politische Dialog über viele Fragen der bilateralen, aber auch der globalen Problematik sei in Moskau begonnen und bei der Gorbatschow-Visite fortgesetzt worden. Erst die Zukunft kann zeigen, ob den Vereinbarungen und Absichtserklärungen auch wirklich Taten folgen.

IV. Perspektiven

Neben einer erweiterten und vertieften Zusammenarbeit zwischen der Bundesrepublik Deutschland und der Sowjetunion war auch eine erweiterte und vertiefte Zusammenarbeit zwischen den beiden Staaten der Deutschen eine konkrete sowjetische Perspektive, weil sie das Problem der nationalen Teilung entschärft und zur Stabilität in Europa beiträgt. Änderungen in der grundsätzlichen sowjetischen Haltung zur deutschen Frage erscheinen nur dann möglich, wenn zuvor entscheidende Wandlungen bei den politischen Rahmenbedingungen stattgefunden haben, hier vor allem in den Bereichen, die mit dem Primat der Sicherheit zusammenhängen.

In diesem Sinne haben sich die sowjetischen „Germanisten" Falin und Portugalow für eine Funktionsminderung der Grenzen ausgesprochen. Auch die Grenze zwischen den beiden deutschen Staaten könne zu einer „vernünftigeren Grenze, zu einer friedlicheren Grenze" werden.[13] Das könne eine Grenze werden, „ähnlich wie sie zwischen Österreich und Ungarn bestehe".[14] Eine Grenze müsse jedoch bleiben. Unter den bisherigen Militärblöcken könne Europa eine deutsche Konföderation noch nicht aushalten.[15] Auch Wjatscheslaw Daschitschew hat davon gesprochen, daß Grenzen dereinst nicht mehr trennen, sondern vereinen könnten. In diesem Kontext gäbe es für die Zusammenarbeit der beiden deutschen Staaten noch große Reserven. In einem *Spiegel*-Gespräch befragt, was er von einer gemeinsamen Staatlichkeit halte, antwortete er dann: „Ich gehe auf diese hypothetische Frage gern ein: Angenommen, das Vertrauen zwischen den sozialistischen und kapitalistischen Staaten Europas erreicht einen hohen Grad, viele Wirtschaftsunternehmen beider Systeme kooperieren eng miteinander, die gemeinsame Sicherheit ist durch eine nichtoffensive Verteidigungsfähigkeit aller Partner gewährleistet — dann kann es durchaus zu einer Annäherung auch der sozialen Strukturen kommen, und natürlich auch zu einer engeren Interaktion der beiden deutschen Staaten, in welcher Form auch immer."[16] Im Deutschlandfunk sagte er im Juli vergangenen Jahres, daß zwar zur Zeit die Wiedervereinigung nicht auf der Tagesordnung stünde. Aber es könne im Zuge der Entwicklung der internationalen Beziehungen eine Lage entstehen, „wo sich beide deutsche Staaten sehr eng annähern in politischer, sozialer, gesellschaftlicher, kultureller Hinsicht und auch in allen anderen Bereichen".[17] Selbst die Möglichkeit, daß die Berliner Mauer verschwinden könne, wurde vage angedeutet.[18]

---

[13] Falin plädiert für Überwindung der Grenzen, BPA-Ostinfo, 18.10.1988, S. 2.

[14] Pointierte Beiträge des ZK-Beraters Portugalow auf dem Aschaffenburger Ost-West-Forum, BPA-Ostinfo, 19.7.1988, S. 2.

[15] Vgl. Der Spiegel, 49/1989, S. 168 sowie International Herald Tribune, 29.11.1989, S. 1.

[16] Spiegel-Gespräch mit Wjatscheslaw Daschitschew, Der Spiegel, 27/1988, S. 127.

[17] Zit. nach Ilse Spittmann: Auf dem Drahtseil, Deutschland Archiv, 7/1989, S. 723.

[18] Vgl. z. B. Oleg Bitov: Berlinskaja stena. Kak byt' dal'še, Literaturnaja gazeta, 23.8.1989, S. 14.

Sowohl Präsident Gorbatschow als auch Außenminister Schewardnadse haben in der Folgezeit mehrfach verlauten lassen, daß auf der einen Seite ihr grundsätzlicher Standpunkt unverändert geblieben ist. Bei der gemeinsamen sowjetisch-französischen Pressekonferenz in Kiew im Dezember 1989 hat Gorbatschow — ganz ähnlich wie 1985 — wieder die Helsinki-Vereinbarungen betont.[19] Die Realität zweier deutscher Staaten sei stabilisierend.[20] Deshalb sei die Frage der Vereinigung dieser Staaten politisch nicht aktuell.[21] Andererseits wurde die Möglichkeit einer staatlichen Wiedervereinigung Deutschlands, ein Optionenwechsel also, als Möglichkeit für die Zukunft durchaus angesprochen. Die Wiedervereinigung, so sagte es Schewardnadse, sei ein „logischer" Schritt, sobald Europa geeint und entmilitarisiert sei.[22] Noch ehe Gorbatschow selbst beim Modrow-Besuch in Moskau die Fristigkeit der deutschen Einheit aktueller als bisher bewertete, hatte ein sowjetischer Sicherheitsexperte im Zusammenhang mit Abrüstungsfragen gesagt, daß die Wiedervereinigung Deutschlands nahezu unausweichlich sei. Die Frage sei nur, wann und wie sie vonstatten gehen werde.[23]

In jedem Falle aber wird die deutsche Frage in der sowjetischen Perspektive immer wieder vom Primat der Sicherheit und der europäischen Stabilität abhängig gemacht. Ob und wie die Bedingungen künftiger deutscher Einheit in diesem Sinne mit ausreichenden Sicherheitsgarantien für die Sowjetunion verknüpft werden können, kann gegenwärtig bestenfalls spekulativ diskutiert werden. Sollte es jedoch bei den VKSE-Gesprächen zu beiderseits befriedigenden Ergebnissen kommen, so könnte sich die Verknüpfung von deutscher Frage und Sicherheit auch für Moskau in einem neuen Licht darstellen. Denkbar wäre auch, daß die rüstungskontrolltechnischen Erfahrungen im Bereich der Verifikation von Abkommen später einmal auch in der Deutschlandpolitik verwertbares Know-how erbringen. Auch die Erfahrungen könnten genutzt werden, die das jahrzehntelange Funktionieren der Militärmissionen der Vier Mächte im Bereich von Vertrauensbildung und Verifikation erbracht hat. Wenn sich die Sicherheitsfrage anders

---

[19] Vgl. a. ADN, Gorbatschow: Deutsche Wiedervereinigung ist nicht aktuell, Presse- und Informationsamt der Bundesregierung, DDR-Spiegel (im folgenden BPA-DDR), 4.12.1989, S. 13. Vgl. ferner BPA-Ostinfo, Gorbatschows und Mitterrands Ausführungen zur deutschen Frage, 7.12.1989, S. 20.

[20] Gorbatschow-Rede vor dem Plenum des ZK, BPA-Ostinfo, 11.12.1989, S. 24.

[21] ADN, Gorbatschow: Wir begrüßen das, was in der DDR geschieht — Wiedervereinigung nicht aktuell, BPA-DDR, 20.11.1989, S. 32.

[22] dpa, Schewardnadse: Wiedervereinigung „logisch" nach europäischer Einheit, BPA-Ostinfo, 11.12.1989, S. 1. Zu Schewardnadses deutschlandpolitischen Fragen siehe Neue Zürcher Zeitung, 21.12.1989, S. 2 sowie Frankfurter Rundschau, 20.12.1989, S. 6.

[23] Vgl. AFP, Moskau: Abzug von Sowjet- und US-Truppen aus Europa in fünf Jahren, BPA-Ostinfo, 30.1.1990, S. 7.

stellt, wäre ein historischer Interessenausgleich sicher möglich. „Hinweise sowjetischer Juristen, daß sich die sowjetische Außenpolitik nunmehr primär nach völkerrechtlichen Prinzipien gestalten lassen würde, könnten auch auf deutschlandpolitischem Terrain zu Berührungspunkten führen".[24]

Eines dürfte jedoch klar sein: Isolierte, am Nationalstaatsprinzip orientierte Neutralitätslösungen für das Deutschland der Zukunft passen in einen solchen Kontext nicht mehr hinein. Wenn sich die beiden deutschen Staaten auf eine solche Art und Weise vereinigen, daß die sowjetischen Sicherheitsbedürfnisse befriedigt sind, dann kann dies nur eine Einheit im europäischen Rahmen unter Mitwirkung der vier Siegermächte sein.

---

[24] Eduard Gloeckner: Hängt die deutsche Einheit von Moskau ab?, Politische Studien, 300/1988, S. 412.

DIE MILITÄRPOLITIK GORBATSCHOWS UND DER WARSCHAUER PAKT

Von Günther Wagenlehner

Militärpolitik ist nach sowjetischem Grundverständnis der Teil der Politik, „der die Ziele und Aufgaben des sowjetischen Volkes auf dem Gebiete der Organisation der Verteidigung des sozialistischen Vaterlandes und des Aufbaus der sowjetischen Streitkräfte festlegt".[1]

Der verbindliche Ausgangspunkt für Qualität und Quantität der sowjetischen Sicherheit ist seit dem Zweiten Weltkrieg der Leitsatz: Ein 22. Juni 1941 darf sich nie wiederholen. Mit den Worten des sowjetischen Botschafters in Bonn, Kwizinskij, am 14. April 1988 vor dem Außenpolitischen Kongreß der CDU/CSU: „Wir haben aus dem deutschen Überfall am 22. Juni 1941 unsere Lektion für mehrere kommende Generationen gelernt."

Dieses Prinzip des sowjetischen Sicherheitsdenkens hat niemand in Frage gestellt, auch nicht Gorbatschow. Aber die Frage, was ist genug, um einen Angriff wie im Juni 1941 zu verhindern, also die Einschätzung des Bedarfs auf militärischem Gebiet kann durchaus unterschiedlich beurteilt werden.

In der Einschätzung nach 1945 galt die Verteidigung und der Schutz des sozialistischen Vaterlandes „als die heilige Pflicht der Partei, des ganzen Sowjetvolkes, als wichtigste Funktion des sozialistischen Staates", so das Programm der KPdSU.[2]

Die Sowjetunion war vom Streben nach absoluter Sicherheit beherrscht. Die modernste Ausrüstung, die besten Waffen in optimaler Quantität zu beschaffen, war für die sowjetischen Streitkräfte selbstverständlich. Ihre Rolle für die Außenpolitik kleidete Verteidigungsminister Gretschko im Oktober 1971 in die eindrucksvolle Formel: „Die allseitige Stärkung der bewaffneten Kräfte ist die Hauptgarantie unserer Sicherheit und eine wichtige Voraussetzung für die erfolgreiche *außenpolitische Tätigkeit* des Sowjetstaates."[3]

---

[1] Kommunist der bewaffneten Streitkräfte, russ. (KVS), 20/1985, S. 13. Vgl. auch Adomeit / Höhmann / Wagenlehner: Die Sowjetunion als Militärmacht, Stuttgart 1987, S. 12 ff.

[2] Parteiprogramm der KPdSU, in: Wagenlehner: Kommunismus ohne Zukunft, Stuttgart 1962, S. 208.

In dem maßgeblichen Lehrbuch der 60 Jahre *Militärstrategie* sind die Konsequenzen für die Politik festgelegt, nämlich günstige Bedingungen für die militärische Stratgegie der Sowjetunion zu schaffen. Diese Außenpolitik „umfaßt Maßnahmen wie den Abschluß von Bündnissen, die Bildung von Koalitionen, die Sicherung der Neutralität von Nachbarstaaten usw. Hier eröffnet sich ein weites Tätigkeitsfeld für die Diplomatie ..."[4] Auch die Schaffung des „Militärbündnisses der sozialistischen Länder", des Warschauer Paktes im Jahre 1955 wird in diesem Zusammenhang gesehen.

Zur militärischen Dominanz gehört auch die Einbeziehung der Wirtschaft. Nach der *Militärstrategie:* „Die einheitliche Führung durch die kommunistische Partei ermöglicht die Koordinierung der Ziele und Maßnahmen von Strategie und Wirtschaft."[5]

Die totale Konzentration auf militärische Bedürfnisse hat der Sowjetunion im Verlaufe ihrer Geschichte auf diesem Gebiet große Erfolge ermöglicht: Territoriale Annektionen, erfolgreiche militärische Intervention, Weltruhm für die sowjetischen Waffen. Andererseits erweist sich ein Land, das weltberühmte Waffen von Stalinorgeln, T 34, Raketen, Flugzeugen bis zum Black Jack produziert, als unfähig, die sowjetische Bevölkerung mit dem Nötigsten zu versorgen.

Die Sorgen über diese Entwicklung und das Umdenken in der sowjetischen Führung setzte längst vor Gorbatschow ein. In der von Breshnew verantworteten neuen Verfassung der UdSSR (Oktober 1977) wurde der „Schutz des sozialistischen Vaterlandes" herabgestuft von der wichtigsten zu „einer der wichtigsten Funktionen des Staates".[6] Es ist nur logisch, daß die Neufassung des Parteiprogramms (1986) diese Formulierung der Verfassung übernommen hat.

Der damalige Generalsekretär Breshnew sprach bereits in Tula 1977 davon, daß es keinen Sieger in einem Nuklearkrieg geben könne. Die Kontroverse zwischen Verteidigungsminister Ustinow und Marschall Ogarkow Anfang der 80er Jahre hat diese Haltung der sowjetischen Führung bestätigt. Ogarkow hat später 1983 seine Haltung, daß auch im Nuklearkrieg der Sieg auf seiten der Sowjetunion sein müsse, modifiziert.

Ein Symptom für diese neue Einstellung der sowjetischen Führung war auch die Einsetzung von Marschall Sokolow im Dezember 1984 als Nachfolger des verstorbenen sowjetischen Verteidigungsministers Ustinow. Der neue Verteidigungsminister wurde nicht mehr Vollmitglied des Politbüros

---

[3] Vgl. dazu: Die Sowjetunion als Militärmacht, a.a.O., S. 34 ff. Zitat in: Gruppeninteressen und Entscheidungsprozeß in der Sowjetunion, Köln 1975, S. 89.

[4] Militärstrategie, deutsche Ausgabe, Köln 1969, S. 72.

[5] Militärstrategie, a.a.O., S. 88.

[6] Vgl. dazu Meissner: Das Aktionsprogramm Gorbatschows, Köln 1987, S. 51/52.

wie seine Vorgänger, sondern nur als Kandidat des Politbüros bestätigt. Daß Generalsekretär Gorbatschow zu weiteren Änderungen der Militärpolitik entschlossen ist, hat er von Anfang an deutlich gemacht. Nicht zuletzt wurden die Uniformierten auf den Ehrentribünen bei den Maifeiern und Paraden zur Oktoberrevolution reduziert. Gorbatschow brach mit der Tradition, daß stets der Generalsekretär der KPdSU die Absolventen der Militärakademie verabschiedet und überließ diese Aufgabe ab 1985 dem Verteidigungsminister.

Während des XXVII. Parteikongresses der KPdSU Anfang 1986 wurde deutlich, wohin die Militärpolitik Gorbatschows zielt. In seiner Rede am 25. Februar wandte er sich gegen eine verhängnisvolle Abhängigkeit der politischen Führung von der militärischen Lagebeurteilung: „Die Situation in der Welt könnte soweit gedeihen, daß sie nicht mehr von Vernunft und Willen der Politiker abhängen würde. Sie wäre eine Gefangene der Technik, der militärisch-technokratischen Logik ...".[7]

Die Wahl der Worte läßt nur den Schluß zu, daß Gorbatschow hier das militärisch-technische Element der sowjetischen Militärdoktrin im Auge hat. Nach sowjetischem Grundverständnis gibt es zwei „eng miteinander verbundene und voneinander abhängige Elemente — das politische und das militärisch-technische Element" der Militärdoktrin.[8] Zwar soll das erste, politische Element maßgeblich sein. Es bestimmt die politischen Ziele und den Charakter eines Krieges. Da aber die maßgeblichen Auffassungen hier stets auf Lenin zurückgeführt werden, hat es praktisch kaum neue Möglichkeiten der Entscheidung gegeben. Im Verlaufe der letzten Jahrzehnte wurde das zweite Element, das militärisch-technische, immer wichtiger. In diesem Bereich entscheidet die militärische Führung über die militärischen Vorbereitungen, die technische Ausstattung der Streitkräfte und die Einsatzgrundsätze sowie Kampfbereitschaft.

Generalsekretär Gorbatschow hat bisher keine umfassende Darstellung seiner Militärpolitik gegeben, sondern bei den verschiedensten Gelegenheiten zu einzelnen Aspekten der Militärpolitik Stellung genommen. Daran läßt sich erkennen, daß Gorbatschow in den folgenden fünf Bereichen der Militärpolitik Änderungen beabsichtigt oder bereits durchgesetzt hat:

1. Sicherheit durch kontrollierte Abrüstung statt Aufrüstung.
2. Abbau der militärischen Verpflichtungen in der Dritten Welt.
3. Größerer außenpolitischer Spielraum durch kontrollierte Integration der Militärs in die Entscheidungsprozesse.
4. Größere Effizienz der Streitkräfte.
5. Übergang zur defensiven Militärdoktrin ohne Gefährdung der Sicherheit.

---

[7] Prawda, auch Neues Deutschland, 26.2.1986.
[8] Die Sowjetunion als Militärmacht, a.a.O., S. 14.

Zu 1:

Die Konzeption dieser Denkweise wurde durch die Auseinandersetzung mit der früheren sowjetischen Außenpolitik vorbereitet. Zwei richtungsweisende Artikel im Juli 1987 gaben den entscheidenden Anstoß: J. M. Primakow, Prawda am 10. Juli und A. J. Bowin, Iswestija am 11. Juli 1987. Beide Aufsätze behandeln den Zusammenhang zwischen den inneren Reformen und dem Neuen Denken in der Außenpolitik. Im September 1987 veröffentlichte Generalsekretär Gorbatschow eine Denkschrift zur Außenpolitik: „Realität und Garantie für eine sichere Welt". Hier kommt bereits der Grundgedanke für das Neue Denken, die Einheit der Welt und die wechselseitige Abhängigkeit der Staaten zum Ausdruck. In seiner Gedenkrede zum 70. Jahrestag der Oktoberrevolution hat dann Gorbatschow diesen Gedanken weiter entwickelt.

In dieser Rede am 2. November 1987 warf der Generalsekretär auch die „schwierigen Fragen" zum Verhältnis Sozialismus/Imperialismus auf:

„Hat sich das Wesen des Imperialismus verändert? Kann der Kapitalismus ohne Militarismus ökonomisch existieren?

Kann das kapitalistische System ohne Neokolonialismus, eine der Quellen seines Reichstums, auskommen?

Können die Imperialisten ‚Friedenpolitik' realisieren?"

Die Fragen sind gestellt; die Formulierung der Antworten hat jedoch bisher niemand in der Sowjetunion unternommen.

Im Frühjahr 1988 wurde die Auseinandersetzung mit der Außenpolitik Stalins und Breshnews in den Sowjetmedien verschärft. Die Hauptautoren waren: Professor Daschitschew in der *Literaturnaja Gazeta* und andere Mitglieder der Bogomolow-Gruppe, Burlatzkij und Alexander Bowin in der *Istwestija* sowie General Wolkogonow, der gerade eine Stalin-Biographie („Triumph und Tragödie") beendet hat.

Die Kernsätze dieser Kritik finden sich in These 10 der „Thesen des Zentralkomitees der KPdSU zur XIX. Unionsparteikonferenz" wieder.[9] Gorbatschow übernahm sie in seiner Rede am Beginn der Parteikonferenz am 28. Juni 1988. Hier gab er unter militärpolitischem Aspekt einen interessanten Rückblick. Zunächst betonte Gorbatschow die Kontinuität der sowjetischen Militärpolitik durch die Feststellung, daß die Sowjetunion von der westlichen Politik gezwungen worden wäre, „ein strategisches Gleichgewicht mit den USA herzustellen".

Das ist im Grunde eine Bestätigung der prinzipiellen Zielsetzung der Vorgänger im Amt des Generalsekretärs seit Stalin. Die Kritik setzt dann erst ein, wenn Gorbatschow feststellt, daß die Sowjetunion „nicht immer alle

---

[9] Neues Deutschland, 28.5.1988.

Möglichkeiten" zur Entspannung und zum gegenseitigen Verständnis genutzt hätte und sich so in ein internationales Wettrüsten hineinziehen ließ. „Wenn die Logik dieser Entwicklung nicht unterbrochen worden wäre, befänden wir uns tatsächlich am Rande eines bewaffneten Konflikts."

Gorbatschows Folgerung: „Deshalb wurde nicht nur eine Verbesserung, sondern vielmehr eine entscheidende Erneuerung der Außenpolitik erforderlich."

Gorbatschow weist in seiner Rede am 28. Juni 1988 auch darauf hin, daß die sowjetische Außenpolitik sich von April 1985 an auf die Verwirklichung dieser Konzeption gerichtet habe. Priorität Nummer eins waren die Verhandlungen mit den USA. In der Kette von Gipfelkonferenzen zwischen 1985 und 1988 gelang es Gorbatschow, ausgehend von dem militärstrategischen Gleichgewicht, nun auch die politische Gleichberechtigung der Sowjetunion zu erreichen. 43 Abkommen mit den USA wurden abgeschlossen, insbesondere der INF-Vertrag im Dezember 1987. Es ist zweifellos das Verdienst Gorbatschows, Nachteile, Rückschläge und Schwierigkeiten auch im eigenen Bereich überwunden zu haben, weil sie angesichts der Zielsetzung zweitrangig waren. Dazu gehören die negativen Begleiterscheinungen für die Sowjetunion durch Rüstungskontrolle und Inspektionen, Entgegenkommen bei der Lösung von Regionalkonflikten und der für die Sowjetunion unangenehmen Frage der Menschenrechte.

Während viele andere Fragen in den Parteigremien umstritten waren und sind, ist dies bei der Außen- und Sicherheitspolitik nicht der Fall. Die XIX. Parteikonferenz hat darüber überhaupt nicht diskutiert. Der Höhepunkt der Aktivität Gorbatschows ist bisher die Rede vor den Vereinten Nationen am 8. Dezember 1988. Unter militärpolitischem Aspekt war das die perfekte Kombination von Politik, Taktik und Propaganda.[10]

Gorbatschow hat mit diesem öffentlichkeitswirksamen Auftritt die für den nächsten Tag anstehenden westlichen Abrüstungsvorschläge unterlaufen, Zeit gewonnen für die Verhandlungen in Wien und die internen sowjetischen Einwände des Militärs, ausgedrückt durch den demonstrativen Rücktritt von Marschall Achromejew, beiseite geschoben. Statt den sowjetischen Unterhändlern in Wien klare Anweisungen zu geben, hat Gorbatschow mit seinen Zahlenangaben die Öffentlichkeit im Westen stark beeindruckt, obwohl nun erst die sich widersprechenden Zahlen am Verhandlungstisch in Einklang gebracht werden müssen. Wir werden auf diese Rede im anderen Zusammenhang noch zurückkommen.

---

[10] Vgl. dazu Meissner, in: FAZ, 28.12.1988, und Osteuropa, 12/1988, und Wagenlehner: Neues Denken in der sowjetischen Außenpolitik, in: Beiträge aus der ev. Militärseelsorge, Bonn 4/1988, sowie Loyal 1/1989.

Zu 2:

Seit der ersten Gipfelkonferenz im November 1985 mit Präsident Reagan war Gorbatschow klar, daß die Sowjetunion einen Preis für die politische Gleichberechtigung mit den USA zahlen muß. Dabei ging es um Zugeständnisse bei der Lösung von Regionalkonflikten, also insbesondere in Afghanistan, Mittelamerika und Afrika.

In den Dokumenten des XXVII. Parteikongresses (1986) wurde noch von der „Internationalen Pflicht" der KPdSU gesprochen, „den Kampf der Völker gegen den Imperialismus zu unterstützen". Noch im April 1987 sprach sich Gorbatschow für die „Verteidigung des Sozialismus durch die Sowjettruppen in Afghanistan" aus. Das Drängen der USA; aber auch die faktische Unmöglichkeit, den militärischen Sieg zu erringen, haben offenbar den Prozeß beschleunigt. Die Sowjetunion hat sich 1988 in mehreren Verträgen zum Rückzug ihrer Truppen aus Afghanistan verpflichtet und diesen Truppenrückzug am 15. Februar 1989 abgeschlossen.

Naturgemäß ist es nicht einfach, wie das Beispiel Vietnam zeigt, einen solchen Rückzug geordnet unter politischer Absicherung durchzuführen. Die negativen Auswirkungen auf die sowjetischen Soldaten werden schon jetzt deutlich und in der sowjetischen Presse immer wieder beleuchtet. Dabei handelt es sich auch um das Problem der Sowjetsoldaten, die in Gefangenschaft gerieten oder auf die andere Seite gewechselt sind. Der Generalstaatsanwalt der UdSSR erklärte Anfang Juli 1988 auf einer Pressekonferenz in Moskau, daß auch für solche Sowjetsoldaten eine Generalamnestie gelten soll, falls sie in die Sowjetunion zurückkehren.[11]

Der Rückzug aus Afghanistan hat im Warschauer Pakt psychologische Folgen. Radio Moskau hielt daher im Mai 1988 eine deutliche Warnung für angebracht: „Nur eine krankhafte und verantwortungslose Phantasie kann die Vermutung hervorbringen, der Abzug sowjetischer Truppen aus Afghanistan könne sich auf die Bereitschaft der UdSSR auswirken, ihren Alliierten-Pflichten in Europa nachzukommen."[12]

Am 22. Dezember 1988 wurde in New York ein Abkomen zwischen der Volksrepublik Angola, der Republik Kuba und der Republik Südafrika unterzeichnet, das zusammen mit einem detaillierten Rückzugsplan den Rückzug der kubanischen Truppen aus Afrika gewährleisten soll. Die sowjetische Presse hat diese Abkommen beiläufig erwähnt, die Armeezeitung *Krasnaja Iswestija* überhaupt nicht. Auch in der *Iswestia* fehlt der Wortlaut der Vereinbarungen; aber das Danktelegramm des sowjetischen Außenministers an seinen amerikanischen Kollegen für die „konstruktive Vermitt-

---

[11] Alexander Alexiev: Inside the Soviet Army in Afghanistan, Rand 1988, Santa Monica, CA/USA. Zitat in: Neue Zeit 29/1988, Moskau.

[12] Radio Moskau am 17.5.1988 (nach BPA/Ostinformationen, 18.5.1988).

lungsrolle" der USA ist enthalten und ebenso ein Hinweis auf den Abzug der „Freiwilligen" aus Vietnam und Kambodscha.[13]

Aus den bereits geschlossenen Verträgen und auch aus der sowjetischen Einstellung zu Mittelamerika, Nahost und Fernost wird der Wille Gorbatschows deutlich, das militärpolitische Engagement der Sowjetunion in der Dritten Welt zu verringern. Diese Entwicklung verläuft widerspruchsvoll; denn die sowjetischen Rüstngslieferungen in die Dritte Welt wurden bisher nicht verringert.

Zu 3:

Seit dem bewaffneten Aufstand in der Oktoberrevolution 1917 haben die Militärs entscheidenden Anteil an der sowjetischen Entwicklung. Das gilt insbesondere für die Zeit der Intervention, des Bürgerkrieges und des Großen Vaterländischen Krieges. Dennoch war die Struktur der sowjetischen Streitkräfte von Anfang an darauf angelegt, daß sie stets unter Kontrolle der Partei stand. In den 70er Jahren haben die sowjetischen Militärs aufgrund der politischen und personellen Entwicklung entscheidenden Einfluß auf den politischen Kurs gewonnen. An der Spitze des gesamten Apparates der Warschauer Pakt-Organisation, des großen größten Konsumenten der sowjetischen Produktion und gleichzeitig der größte Verkäufer von Waffen, eingeschaltet in alle internationalen Verhandlungen und mit der Verantwortung für die militärische Sicherheit des Landes, wurden die Militärs in der Sowjetunion so mächtig, daß die politische Führung nicht gegen sie regieren konnte. Der sowjetische Verteidigungsminister Ustinow war der „Königsmacher" des Generalsekretärs der Partei.

Dieser Prozeß endete spätestens mit dem Tode von Ustinow im Dezember 1984. Ein Zeichen dafür, daß die Vormachtstellung der sowjetischen Militärs zu Ende geht, war aber schon die Absetzung Marschall Ogarkows im Oktober 1984. Die Beerdigung Generalsekretär Tschernenkows im März 1985 fand ohne die sowjetischen Militärs statt.

Die sowjetische Führung hielt es offenbar für notwendig, die Rolle der Partei für die sowjetischen Streitkräfte in der Neufassung des Parteiprogramms zu verstärken. Abweichend von dem früheren Parteipogramm von 1961, wird die KPdSU in diesem Abschnitt über die Verteidigung mehrfach herausgestellt im Hinblick auf die „Führung der Partei" für die Bereiche Verteidigungs- und Sicherheitspolitik sowie für „das Leben und die Tätigkeit der Streitkräfte".[14]

Gorbatschow begann bereits 1985 mit der Umbesetzung der militärischen Schlüsselpositionen. Dafür sprach auch das hohe Alter einzelner Amtsinha-

---

[13] Vgl. Iswestija, 23. und 27.12.1988.
[14] Vgl. Meissner: Das Aktionsprogramm Gorbatschows, a.a.O., S. 52.

ber, z. B. Admiral Gorschkow, seit 30 Jahren Oberbefehlshaber der Seestreitkräfte, oder General Jepischew, seit 24 Jahren Chef der Polithauptverwaltung. Die „Verletzung des sowjetischen Luftraums durch die Landung eines westdeutschen Sportflugzeuges in Moskau", nach Gorbatschow „ein in jeder Hinsicht beispielloser Vorfall", diente als Anlaß für eine Kette von Personalveränderungen im militärischen Bereich. Diese Absicht war offenbar mit entscheidend für die Auswahl von Armeegeneral Jasow zum Verteidigungsminister im Mai 1987, dem bisherigen Personalchef des sowjetischen Verteidigungsministeriums. Bis Ende 1988 wurde die gesamte militärische Spitz in dr Sowjetunion ausgewechselt.[15]

Gorbatschow legt offensichtlich Wert darauf, die sowjetischen Militärs in die Entscheidungsprozesse einzubeziehen. Dies schien mit dem Generalstabschef, Marschall Achromejew, der an den Gipfelkonferenzen und anderen wichtigen Treffen teilnahm, besonders gelungen zu sein. Sein Rücktritt am Tage der New Yorker Rede Gorbatschows kam überraschend. Am gleichen Tage, am 8. Dezember 1988, findet sich in der Armeezeitung *Krasnaja Swesda* ein Nachruf für den verstorbenen Generalleutnant Schutow, unterzeichnet von Jasow *und* Achromejew.

Der Rücktritt Achromejews wurde vom Sprecher des sowjetischen Außenministeriums Gerassimow mitgeteilt. Die Ernennung des Nachfolgers veröffentlichte die sowjetische Armeezeitung am 15. Dezember. Generaloberst M. A. Moissejew war Chef des Stabes des Militärbezirks Fernost, als Armeegeneral Jasow der dortige Befehlshaber war und folgte ihm dann als Befehlshaber des Militärbezirks Fernost. Die Ernennung zum Generalstabschef ist ungewöhnlich, weil er vom Lebensalter (Jahrgang 1939) und auch vom Dienstrang noch nicht für diese Verwendung anstand. Zwei seiner Stellvertreter sind Armeegenerale, die anderen haben seinen Dienstrang. Er ist zwanzig Jahre jünger als sein erster Stellvertreter.

Die sowjetische Personalpolitik im Hinblick auf die militärische Stellenbesetzung begünstigt Generale, die sich in der sowjetischen Militärpresse für Gorbatschows Militärpolitik eingesetzt haben. In den knapp vier Jahren der Amtszeit des heutigen Generalsekretärs wurde nur eine Beförderung zu Admiral der Flotte der Sowjetunion (mit dem Marschall der Sowjetunion vergleichbar) ausgesprochen, und zwar posthum im Juli 1988 an den 1974 verstorbenen Kusnezow. Die weiteren Beförderungen: zwei zum Marschall der Flieger, zwölf zum Armeegeneral bzw. Admiral der Flotte lassen die gleichen Prinzipien vermuten, darunter General Postnikow, der im Oktober 1988 Marschall Ogarkow als Oberbefehlshaber TVD West abelöst hat.

Die Militärs spielen weiterin eine wichtige Rolle für die sowjetische

---

[15] Vgl. dazu Ulrich-Joachim Schulz-Torge: Die Führung der UdSSR in Partei, Staat, KGB und Militär, Hamburg 1988, ab S. 500.

Sicherheits- und auch Abrüstungspolitik; aber sie kontrollieren nicht mehr die politischen Entscheidungsprozesse wie früher.

Zu 4:

Die Umgestaltung der sowjetischen Streitkräfte im Zeichen des Neuen Denkens setzte später ein als in anderen Bereichen. Auch hier kam der entscheidende Anschluß durch die Landung von Rust im Mai 1987 in Moskau. Der neue Verteidigungsminister forderte von Anfang an Perestrojka auch für die sowjetischen Streitkräfte. Darunter versteht er die Überwindung von Trägheit, Routine, Bürokratie und Prunksucht. Seine Hauptlosung — auch in seinem neuen Buch — ist: „Das Gefecht verzeiht keinen schwachen Ausbildungsstand."[16] Für die sowjetische militärische Spitze ist klar, daß die Reduzierung der Quantität der sowjetischen Streitkräfte nicht auf Kosten der Qualität gehen darf, sondern durch bessere Qualität und höhere Kampfbereitschaft ausgeglichen werden muß. Insgesamt sollen die sowjetischen Streitkräfte effizienter sein als bisher.

Rüstungsprogramme können nur langfristig angelegt werden. Die Rüstungspolitik Gorbatschows läßt allenfalls erkennen, daß strategische Raketen zugunsten mobiler Raketen reduziert werden, daß mehr Gewicht auf Bomber gelegt wird und im übrigen die Sowjetunion nach dem Wegfall der SS 20 durch die Umrüstung auf SS 25 vor Raketen aus dem europäischen Raum gesichert werden soll.

Generell soll die Überrüstung abgebaut werden, ohne die Sicherheit zu gefährden. Außenminister Schewardnadse zitierte Gorbatschow in seiner internen Rede im Außenministerium Ende Juli 1988: „Wir können uns den Luxus nicht leisten, die USA, die NATO und Japan in allen ihren militärtechnischen Neuheiten nachzuahmen."[17]

Zu 5:

Die Beschwörung eigener Fehler und Versäumnisse in der Vergangenheit ergibt nur dann Sinn, wenn diese Fehler künftig vermieden werden sollen, d. h. eine neue Militärpolitik betrieben wird. Seit dem XXVII. Parteikongreß der KPdSU Anfang 1986 betont Gorbatschow, daß die sowjetische Militärdoktrin defensiv sei. Dies wurde besonders in einem Dokument des Warschauer Paktes Ende Mai 1987 herausgestellt und mehrfach bekräftigt. Aber es bleibt eine theoretische Aussage, solange sich die Praxis nicht ändert.

Die Prinzipien der sowjetischen Militärdoktrin sind seit Frunse 1921 gleichgeblieben: Die politische Seite der Militärdoktrin sei nach sowjeti-

---

[16] D. T. Jasow: Auf der Wacht für Sozialismus und Frieden, russ., Moskau 1987, S. 41.
[17] Iswestija, 26.7.1988; vgl. auch Meissner, in: FAZ, 28.12.1988.

scher Vorstellung stets defensiv gewesen — einschließlich aller militärischen Interventionen der Sowjetunion vom Krieg gegen Finnland bis hin zur Intervention in Afghanistan. Die andere Seite der sowjetischen Militärdoktrin, die militärisch-technische Seite, ist von Anfang an offensiv. Schon Frunse schrieb 1921, es siegt nur der, der angreift. Das Problem liegt also weniger in der Theorie — über die man dann dialektisch streiten kann — als in der Praxis: Ausbildung, Übungen, Führung und Einsatz der Streitkräfte.

In seiner Rede vor den Vereinten Nationen Anfang Dezember 1988 hat Gorbatschow zu erkennen gegeben, daß ihm dieser Unterschied zwischen defensiver Theorie und offensiver Praxis durchaus klar ist. Im Zusammenhang mit dem Übergang zu einer defensiven Militärdoktrin betonte er, daß die sowjetischen Divisionen „neu formiert" werden, künftig eine andere Struktur als heute haben werden, „die nach dem umfassenden Panzerabzug eindeutig defensiv sein wird".

Der Generalsekretär hat seinen Militärs zwei Jahre Zeit gegeben, diese Umstellung auf neue Strukturen und neue Doktrinen zu realisieren.

„Dies hat sich schon nach wenigen Monaten als unrealistisch herausgestellt; denn die totale Umstellung des sowjetischen Militärwesens in Theorie und Praxis bedarf eines längeren Zeitraums."

Zur Begründung des Neuen Denkens im Militärwesen gehören Enthüllungen und Kritik an der sowjetischen Vergangenheit. Es handelt sich dabei nie um reine Geschichtsdarstellung, sondern stets wird der Bezug zur Gegenwart hergestellt. So wurden die Erinnerungen von Marschall Shukow erstmals in einer völlig neuen Fassung im Militärbulletin von *Nowosti*,[18] teilweise abweichend von seinen Memoiren, gebracht.

Offensichtlich kam es darauf an, die Gründe für den raschen deutschen Vormarsch 1941 nicht in den Prinzipien der sowjetischen Militärstrategie zu suchen, sondern in den realen Versäumnissen Stalins. Die gleichen Motive liegen offensichtlich den gezielten Veröffentlichungen über die „Säuberungen" 1937/38 in der militärischen Führung zugrunde. Aber auch im Hinblick auf die Beleuchtung heutiger taktischer Probleme verfolgt die sowjetische Militärpresse die Praxis, einzelne Beispiele aus der Kriegszeit zu bringen und auf die Gegenwart zu beziehen.

Wie die untere und mittlere Führungsebene in der Sowjetunion auf solche Enthüllungen reagiert, ist nur schwer zu beurteilen. Berichte von sowjetischen Psychologen lassen eher vermuten, daß Enthüllungen von Stalins Verbrechen kritisch beurteilt werden.

Ungeachtet aller Treuebekenntnisse zum Warschauer Pakt gibt es zwischen der Supermacht Sowjetunion und den anderen Mitgliedstaaten im Warschauer Pakt unterschiedliche Interessen.

---
[18] Militärbulletin nr. 20 (25), Oktober 1987, Sonderausgabe.

Im Mai 1955 wurde dieser Pakt „über Freundschaft, Zusammenarbeit und gegenseitigen Beistand" aus sowjetischer Sicht als Instrument der Hegemonialmacht gegründet. In logischer Konsequenz hat sch die Sowjetregierung stets auf den Warschauer Pakt berufen, wenn, wie im Fall Ungarn 1956 oder Tschechoslowakei 1968, ein Mitgliedstaat diszipliniert werden sollte.

Die entscheidenden Organe: Das Vereinte Oberkommando und der Stab der Vereinten Streitkräfte fungieren unter sowjetischem Kommando. Die Ausbildung, Bewaffnung, Einsatz- und Führungsgrundsätze unterliegen sowjetischen Normen. Versuche einzelner Mitgliedstaaten zur militärischen Selbständigkeit wurden von sowjetischer Seite rasch unterdrückt. Im November 1968 erschien im SED-Parteiorgan *Neues Deutschland* ein Aufsatz über „Die Militärdoktrin der DDR". Kurz darauf wurde dieser Artikel offiziell verdammt. Im Militärlexikon wurde 1973 lakonisch festgestellt: „Maßgebend für die Militärdoktrin aller Staaten des Warschauer Vertrages ist die sowjetische Militärdoktrin ..."[19] Später gab sich die Sowjetunion etwas konzilianter. In der sowjetischen Militärenzyklopädie wird von „Militärdoktrinen der Staaten der sozialistischen Gemeinschaft" gesprochen. Aber sie hätten eine gemeinsame sozialökonomische, politische und moralische Basis.

Gorbatschow war kaum Generalsekretär geworden, da hatte er es mit den Versuchen einzelner WP-Mitgliedstaaten zu tun, bei der notwendigen Verlängerung des Vertrages im April 1985 Vertragsänderungen durchzusetzen, die den einzelnen Staaten mehr Gewicht ermöglichen. Die Sowjetunion unter Gorbatschow hat alle diese Versuche seitens Rumänien, Ungarn und der DDR gestoppt. Der Vertragstext wurde nicht geändert.[20]

Die Sowjetunion geht offenbar davon aus, daß sie den Warschauer Pakt ins Leben gerufen hat und ihn auch wieder beenden kann. In der Neufassung des Parteiprogramms der KPdSU von 1986 heißt es: „Die Position der KPdSU ist es, die Spaltung der Welt in militärpolitische Gruppierungen zu überwinden. Die KPdSU ist für die gleichzeitige Auflösung der NATO und des Warschauer Vertrages oder als ersten Schritt für die Liquidierung ihrer militärischen Organisationen."[21]

Gorbatschow benutzte wie seine Vorgänger den Politischen Beratenden Ausschuß des Warschauer Vertrages als Tribüne für Erklärungen zu Abrüstung und Außenpolitik. Das gilt auch für das Angebot, über die Militärdoktrinen in Ost und West zu verhandeln. Dieses Angebot ist Teil eines

---

[19] Militärlexikon, Militärverlag der DDR, Berlin-Ost 1973, S. 232. Vgl. auch Sadykiewicz: Die sowjetische Militärdoktrin und Strategie, Koblenz 1985, S. 13 ff.

[20] Vgl. dazu Jens Hacker: Block-Politik der UdSSR, in: Wirtschaftsreformen im Ostblock in den 80er Jahren, Paderborn 1988, S. 218 ff.

[21] Vgl. Parteiprogramm der KPdSU, in: E. Schneider: Moskaus Leitlinie für das Jahr 2000, München 1987, S. 190.

Beschlusses der Teilnehmerstaaten des WP, bindet also die anderen 6 Mitgliedstaaten an die sowjetischen Beschlüsse.

Die WP-Mitgliedstaaten hatten sich mit der hegemonialen Stellung der Sowjetunion abgefunden, nachdem seit März 1969 die nationalen Verteidigungsminister durch ein neu geschaffenes Komitee etwas aufgewertet worden sind. Die Abrüstungspolitik Gorbatschows wird von den Partnern uneingeschränkt mitgetragen; hinsichtlich der Militärpolitik steht die Bewährungsprobe noch bevor. Die bisherigen Veränderungen haben kaum Folgen gehabt und konnten daher nicht auf Einwände stoßen. Bei der Veränderung der Militärdoktrin in ihrem militärisch-technischen Teil werden allerdings die Konsequenzen erst nach der UN-Rede Gorbatschows deutlich.

Bisher halten sich die nationalen Kommentare im Warschauer Pakt an die generellen Leitsätze. Der Oberbefehlshaber der Vereinten Streitkräfte im Warschauer Pakt, Marschall Kulikow, verweist prinzipiell auf diesen Standpunkt: „Die Streitkräft der verbündeten Staaten werden in einer Gefechtsbereitschaft gehalten, die ausreicht, um nicht überrascht zu werden. Falls dennoch ein Angriff gegen sie verübt wird, werden sie dem Aggressor eine vernichtende Abfuhr erteilen."[22] Ähnlich schreibt Verteidigungsminister Armeegeneral Jasow in seinem Buch „Auf der Wacht für Sozialismus und Frieden". Die Schwierigkeiten für das Verständnis der kleineren WP-Staaten beginnt erst mit der Umstellung der Militärdoktrin. Und auch dann wird die Interessenlage in Rumänien, Bulgarien, Polen, Ungarn, der Tschechoslowakei und DDR nicht einheitlich sein. Aus bisheriger Sicht sind die strategischen Vorteile des Warschauer Paktes gegenüber der NATO wie folgt gesehen worden:[23]

Einige strategische Vorteile der Staaten des Warschauer Vertrages gegenüber der NATO

1. Politisch und ökonomisch

— Gemeinsamkeit der gesellschaftspolitischen Anschauungen auf der Basis des Marxismus-Leninismus
— durch den RGW koordinierte Wirtschaft
— hohes Niveau der Standardisierung und deshalb günstigste Versorgungs- und Nachschubmöglichkeiten

---

[22] Volksarmee, Berlin-Pst 36/1988, und Jasow, a.a.O.

[23] Übersicht aus Taschenbuch: Militärpolitik und Wehrpflicht, Deutscher Militärverlag, Berlin-Ost 1968.

2. Geographisch

— geschlossenes, nicht durch natürliche Hindernisse unterbrochenes Territorium mit großer Tiefe
— günstige Lage für den Nachschub über Land-, Luft-, See- und Flußwege (Siehe nebenstehendes Beispiel)

3. Militärisch

— einheitliche modernste Bewaffnung aller Armeen
— modernste Raketenbewaffnung
— höherer Mobilisierungsgrad im Kriegsfalle (20 Prozent der Bevölkerung; NATO-Staaten etwa 12 Prozent)
— höherer Prozentsatz an ingenieurtechnischen Kadern (in unseren Armeen über 70 Prozent. In der NATO bei 40 Prozent)

Auch wenn gleiches Interesse aller kommunistischen Führungen in den WP-Staaten vorausgesetzt wird, durch diesen Vertrag militärisch abgesichert zu sein, ergeben sich in der Praxis enorme Unterschiede. Die DDR und die Tschechoslowakei konnten bisher davon ausgehen, daß im Kriegsfall sofort die Grenzen nach dem Westen überschritten werden. Für einen Teil der Verbände verblieben hauptsächlich Sicherungs- und Bewachungsaufgaben. Mit der Zerschlagung des Aggressors auf dessen Territorium hatten sie nichts zu tun.

Bei einer tatsächlich defensiven Militärdoktrin müßte angenommen werden, daß ein Angreifer auf dem WP-Territorium zerschlagen würde, d. h. die Kampfhandlungen erfolgen im eigenen Gebiet mit allen psychologischen und politischen Folgen für Bevölkerung und Truppen.

Im Westen gehören diese leidigen Erfahrungen mit Übungen, Manövern und Planungen zum gewohnten Bild; im Osten bisher nicht. Unter diesen Umständen wird der Wert des Warschauer Vertrags auch für loyale Partner der Sowjetunion sinken. Vermutlich steht im Warschauer Pakt die Prüfungsphase der Militärpolitik Gorbatschows erst bevor.

Widersprüche

Gorbatschow hat in vielen Reden und Erklärungen seine Auffassungen von der Militärpolitik der Zukunft deutlich gemacht. Allerdings stehen diese Ausführungen in zentalen Punkten nicht im Einklang mit den gültigen Parteidokumenten, insbesondere mit der Neufassung des Parteiprogramms der KPdSU von 1986, zu Beginn der Gorbatschow-Ära. Solange diese Widersprüche zwischen Reden und Dokumenten bestehen, ist der von Gorbatschow eingeleitete Prozeß des Neuen Denkens nicht unumkehrbar.

Um folgende wichtige Widersprüche geht es:

1. „Triumph des Kommunismus im Weltmaßstab" oder nicht?

Im revidierten Parteiprogramm der KPdSU von 1986, verabschiedet vom XXVII. Parteikongreß, handelt ein Abschnitt von der „Historischen Auseinandersetzung zwischen den beiden entgegengesetzten Gesellschaftssystemen". Stets wird das „Sozialistische Weltsystem" der „aggressiven Politik des Imperialismus" gegenübergestellt. Die Überschrift lautet: „Der Übergang vom Kapitalismus zum Sozialismus und Kommunismus — Hauptinhalt der gegenwärtigen Epoche".

Andererseits sprach Gorbatschow in seiner Gedenkrede zum 70. Jahrestag der Oktoberrevolution (Prawda, 3.11.87) davon, daß die Welt wechselseitig miteinander verbunden sei, voneinander abhängig und „ein bestimmtes Ganzes" bildet. Zum Abschluß des 70. Jahrestages erklärte er vor den Repräsentanten von 178 kommunistischen und Linksparteien:[24] „Die Entwicklung der Welt kann heute nicht mehr allein vom Standpunkt des Kampfes der beiden entgegengesetzten Gesellschaftssysteme aus betrachtet werden."

Außenminister Schewardnadse nahm dieses Thema Ende Juli 1988 vor der außenpolitischen Konferenz im Außenministerium wieder auf:[25] „Der Kampf zwei entgegengesetzter Systeme ist nicht mehr die bestimmende Tendenz der Gegenwart."

Was gilt?

Ist der „Triumph des Kommunismus im Weltmaßstab" weiterhin das höchste Ziel der Sowjetpolitik und alles diesem Ziel unterworfen, oder wird der „Imperialismus" künftig als Partner von Dauer angesehen?

2. Friedliche Koexistenz?

Im Parteiprogramm 1986 und in der gültigen Verfassung der UdSSR (von 1977) sind in Artikel 28 die Prinzipien der sowjetischen Außen- und Sicherheitspolitik festgelegt: Stärkung der Positionen des Weltsozialismus, Unterstützung des Kampfes der Völker um nationale Befreiung und sozialen Fortschritt, allgemeiner und vollständiger Abrüstung und Verwirklichung des Prinzips „der Friedlichen Koexistenz von Staaten unterschiedlicher

---

[24] Prawda, 9.11.1987.
[25] Wie Anmerkung 17.

Gesellschaftsordnung". In allen einschlägigen Lexika und Lehrbüchern wird das Prinzip der Friedlichen Koexistenz als „wichtige Form des internationalen Klassenkampfes" definiert und ausdrücklich auf die Staaten *verschiedener Gesellschaftsstruktur* bezogen. Dieses Prinzip gilt also nicht für die Beziehungen zwischen den sozialistischen Ländern. Hier fühlt sich die Sowjetunion für das Schicksal aller und in jedem einzelnen Fall verantwortlich (Breshnew-Doktrin).

Abweichend von dieser grundsätzlichen Regelung hat Gorbatschow zum Abschluß seines Besuches in Jugoslawien einem Kommuniqué zugestimmt, in dem zu einer „aktiven friedlichen Koexistenz zwischen allen Staaten" aufgefordert wird.[26] Außenminister Schewardnadse berief sich Ende Juli 1988 auf Gorbatschow un erklärte: „Mit vollem Recht weigern wir uns, darin (in der friedliche Koexistenz) eine besondere Form des Klassenkampfes zu sehen." Das Prinzip der friedlichen Koexistenz sei universelles Prinzip des Völkerrechts. Daher müsse man sich überlegen, die Verfassung der UdSSR zu ändern.[27]

Welche Definition zum Prinzip der friedlichen Koexistenz gilt, solange die Verfassung der UdSSR nicht geändert ist? Denn die alte Fassung des Arikels 28 gilt weiter, obwohl gerade erst am 1.12.1988 55 Artikel der sowjetischen Verfassung geändert worden sind.

3. Defensive Militärdoktrin?

Zunächst ließ Gorbatschow offen, ob auch das militärtechnische Element der sowjetischen Militärdoktrin geändert werden soll. In seiner Rede am 8. Dezember 1988 hat er das durch die Umschreibung als Übergang zu „eindeutig defensiven" Strukturen angedeutet.

Aber die Militärs im Warschauer Pakt und vor allem die Verteidigungsminister halten weiter an den alten Vorstellungen fest, daß die Militärdoktrin der Sowjetunion und des Warschauer Paktes schon immer — seit 1917 — defensiv sei. Für Armeegeneral Jasow ist es unmöglich, „einen Aggressor nur durch Verteidigung zu zerschlagen". Daher müsse „ein entschlossener Angriff" geführt werden. „Dies widerspricht ganz und gar nicht der defensiven Ausrichtung der sowjetischen Militärdoktrin".[28]

Welche Auffassung von „defensiv" gilt in der sowjetischen Militärpraxis?

---

[26] Prawda, 21.3.1988.
[27] Iswestija, 26.7.1988, und Meissner, in: FAZ, 28.12.1988.
[28] Jasow, a.a.O., S. 32.

4. Zeitvorgaben

Die politische Führung in der Sowjetunion bestreitet seit Anfang 1989 nicht mehr, daß ihre Militärdoktrin im Hinblick auf den militärisch-technischen Teil offensiv war und heute noch ist. In seiner berühmten Rede vor den Vereinten Nationen Anfang Dezember 1988 gab Michail Gorbatschow den sowjetischen Streitkräften und dem Warschauer Pakt zwei Jahre Zeit, um den Übergang von dieser offensiven zur defensiven Militärdoktrin zu realisieren.

Wie lange dieser Prozeß tatsächlich als Minimum dauern wird, beschrieb Sowjetoberst Wladimir Nasarenko, Professor der Militärwissenschaften, kürzlich im Militärbulletin der sowjetischen Agentur *Nowosty*: Nämlich mindestens 12 Jahre. Und er nannte auch die Gründe für diese Desillusionierung. Sämtliche Ausbildungs- und Dienstvorschriften der Sowjetstreitkräfte müssen radikal verändert werden. Die ersten Entwürfe für die Innendienstvorschriften wurden im Juli 1989 von der Armeezeitung *Krasnaja Swesda* vorgestellt. Alle anderen müssen noch folgen.

Geändert werden müssen die sowjetischen Einsatzgrundsätze im Zusammenhang mit der völligen Veränderung der Strategie und Taktik. Sie sind bisher auf einen Präventivschlag in strategische und operative Hauptrichtungen ausgerichtet, um „den Aggressor auf seinem eigenen Territorium zu zerschlagen". Danach sind die Kriegsschauplätze bestimmt, die sowjetischen und Warschauer Pakt-Truppen disloziert. Entsprechend verlaufen die Beschaffungsprogramme für Waffen und Gerät sowie die Aufstellung und Ergänzung der Streitkräfte. Anzeichen für eine Veränderung werden vor allem hier deutlich. Aber auch durch die von Gorbatschow angekündigte Reduzierung der Sowjetstreitkräfte um 500 000 Soldaten wurde die Dislozierung nicht verändert. Noch immer steht die IV. Sowjetische Garde-Stoß-Armee bei Magdeburg.

Man sollte sich erinnern: Die Umstellung der NATO-Strategie von der totalen Vergeltung, dem ersten Prinzip der westlichen Verteidigung, zur Flexible Response dauerte etwa zehn Jahre.

Alle westlichen Verteidigungsministerien und Nachrichtendienste bestätigen einhellig, daß die sowjetischen Beschaffungsprogramme unverändert auf die Modernisierung der Streitkräfte mit Offensiv-Waffen ausgerichtet sind. Das ist nicht verwunderlich. Planung und Produktion neuer Waffen dauern überall zehn bis zwanzig Jahre. Wenn ein Beschaffungsprogramm angelaufen ist und möglicherweise schon die Produktion begonnen hat, bedeutet die Umstellung den Verlust von Milliarden. Solche einschneidenden Entschlüsse sind nicht für alle Programme zu erwarten, sondern allenfalls für gerade begonnene.

Zur Leitlinie der neuen sowjetischen Militärdoktrin erhob Gorbatschow das Prinzip der „vernünftigen Hinlänglichkeit", was unbedingt nötig sei zur Sicherung der Verteidigung des eigenen Landes. Gorbatschow rechnete dazu selbstverständlich das ausgewogene Verhältnis zwischen Warschauer Pakt und NATO. Die Reduzierung der sowjetischen Truppen und Waffen ist nach diesem Grundverständnis nur reziprok zur Reduzierung der NATO denkbar. Damit wird die Änderung von Ergebnissen der Verhandlungen über Abrüstung, Truppenreduzierung und Rüstungskontrolle.

Insbesondere diesen Punkt hat sich der sowjetische Militärwissenschaftler Nasarenko im Militärbulletin herausgegriffen.[29] Er analysiert die Auswirkungen der Verhandlungen über konventionelle Reduzierungen auf die Fristen des Übergangs zur defensiven Militärdoktrin.

Resultat: Wenn alle sowjetischen Vorschläge über die Reduzierung der konventionellen Rüstungen und Streitkräfte vom Atlantik bis zum Ural vom Westen akzeptiert werden und „vorausgesetzt, daß in allen Verhandlungsstadien das allgemeine Kräftegleichgewicht nicht zerstört und niemandes Sicherheit beeinträchtigen wird", dann würde der gesamte Prozeß in drei Etappen möglich und im Jahre 2000 abgeschlossen sein. Dann erst könne vom Übergang der Militärdoktrin zu einem ausgesprochen defensiven Charakter die Rede sein.

Die sowjetischen Vorschläge gehen davon aus, daß in der ersten Etappe (1991 bis 1994) die Ungleichgewichte und Asymmetrie bei der Truppenstärke und den wichtigsten Waffen zwischen Warschauer Pakt und NATO beseitigt werden. In dieser Etappe soll das Potential für die Verwirklichung eines Überraschungsangriffs und für den Beginn von größeren Offensivoperationen verringert werden. In erster Linie handelt es sich um taktische Kampfflugzeuge, Kampfhubschrauber, Kampfpanzer, gepanzerte Gefechtsfahrzeuge sowie Artillerie einschließlich Mehrfachraketenwerfer und Granatwerfer. Die Reduzierung soll 10 bis 15 Prozent unter dem niedrigsten Stand liegen.

In der zweiten Etappe (1994 bis 1997) sollen die inzwischen ausgeglichenen Streitkräfte in Ost und West um etwa 25 Prozent vermindert werden. Weitere Waffensysteme müßten im Zuge dieser Verminderung reduziert werden, damit das Prinzip der Hinlänglichkeit in der Verteidigung verwirklicht wird.

In der dritten Etappe (1997 bis 2000) würden dann NATO und Warschauer Pakt die Streitkräfte so reduzieren, daß sie defensiven Charakter haben.

Gorbatschow hat sich zu diesem Punkt seit seiner Ankündigung vom Dezember 1988, daß die Umstellung auf eine defensive Militärstruktur zwei Jahre dauern soll, bis Dezember 1990 nicht geäußert.

---

[29] Vgl. Voennyi Vestnik, Nr. 5/1989, Nowosti, Moskau.

Der Westen und insbesondere die NATO kann hier nicht Generalsekretär Gorbatschow mit seiner optimistischen Aussage vertrauen, sondern nur den Sowjetexperten mit realistischen Zeitangaben von mindestens zwölf Jahren, bevor unter optimalen Voraussetzungen die Militärdoktrinen defensiven Charakter annehmen können.

5. Unglaubwürdige Argumentation

Bei neuralgischen Themen wird von seiten des Warschauer Paktes nach innen und außen unterschiedlich argumentiert — je nach dem, wer die Zielgruppe ist.

Dazu einige Beispiele:

Der von Lenin übernommene Leitsatz von Clausewitz, der Krieg sei die Fortsetzung der Politik mit anderen Mitteln, wird in sowjetischen Stellungnahmen im Westen für obsolet erklärt; in der internen militärpolitischen Diskussion dagegen gilt Clausewitz weiterhin, seine Lehrsätze stehen unverändert in den einschlägigen Handbüchern.

Zahlreiche Beiträge sowjetischer Militärs in westlichen Medien oder in sowjetischen Medien für den Westen sollen den Eindruck erwecken, als gäbe es in der Sowjetunion eine intensive Diskussion über den konkreten Übergang zur defensiven Struktur; interne Militärliteratur beweist dagegen, daß eine solche Diskussion überhaupt nicht stattfindet.

Aussagen führender kommunistische Politiker und auch Militärs sollen den Eindruck erwecken, als hätten die sozialistischen Staaten und Armeen kein Feindbild; aber in den internen Hand- und Lehrbüchern sowie im Unterricht der Streitkräfte des Warschauer Paktes gab es bis 1980 das Lehrfach „Haßerziehung". Die Erziehung zum Haß auf den Feind ist eine konkrete Aufgabe der Politoffiziere im Warschauer Pakt.[30]

Schluß

Unterschiedliche Interpretationen sind in einer Zeit des Umbruchs nichts Ungewöhnliches; aber die genannten Widersprüche in zentralen Fragen lassen auf Widerstände schließen, die noch überwunden werden müssen, um die Umgestaltung der sowjetischen Militärpolitik unumkehrbar zu machen.

---

[30] Vgl. Dienstvorschriften in der NVA und Sowjetarmee sowie Wagenlehner: Feindbild, Frankfurt 1989.

Dazu gehören weitere Schwierigkeiten bei der Reduzierung der sowjetischen Streitkräfte und der Umstellung der Soldaten auf die geforderte neue politisch-ethische Grundlage. Der sowjetische Verteidigungsminister, Armeegeneral Jasow, fühlte sich offenbar durch die Unklarheiten der konkreten Perestrojka veranlaßt, bei der traditionellen Militärparade zm 72. Jahrestag der Oktoberrevolution in Moskau zu erklären, es gebe noch keine Garantien dafür, daß der jetzt eingeschlagene Weg unumkehrbar sei.[31]

Im Jahre 1989 hat Gorbatschow grundlegende Änderungen im Verhältnis zu den sozialistischen Bruderländern eingeleitet. Oberstes Ziel soll die Überwindung der Spaltung Europas sein. Dazu gehört „das Recht aller Völker und Staaten, ihr Schicksal frei zu bestimmen und ihre Beziehungen zueinander auf der Grundlage des Völkerrechts souverän zu gestalten".[32]

Im gleichen Sinne sprach sich Gorbatschow am 6. Juli 1989 vor dem Europarat aus. Die Eigenständigkeit der WP-Staaten wurde ebenfalls in der Erklärung der Teilnehmerstaaten des Warschauer Vertrages nach ihrer Sitzung am 7./8.7.1989 ausgedrückt mit dem Zusatz der strikten Achtung „des Rechts eines jeden Volkes auf Selbstbestimmung, auf freie Wahl seines sozialpolitischen Entwicklungsweges".[33]

Die Sowjetunion hat dieses Recht bisher auch dann respektiert, wenn es in Ungarn und Polen extensiv gegen die bisher gültigen „sozialistischen Gesetzmäßigkeiten" ausgelegt wurde. Offensichtlich gilt das auch für die DDR, soweit innere Reformen und sogar die Grenzöffnung betroffen sind. Für Deutschland als Ganzes bleibt die Sowjetunion prinzipiell bei ihrer Zuständigkeit.

Die ungeahnte Dynamik der Entwicklung in Europa muß und wird vor allem den Warschauer Pakt betreffen. Im Prinzip hat Gorbatschow im Juli 1989 die Richtung bestimmt: „Die Gewährleistung der Sicherheit durch politische und nicht militärische Mittel". Prinzipiell bleibt die sowjetische Forderung nach Auflösung der Militärbündnisse Warschauer Vertrag und NATO bestehen. Aber bis zu dieser Auflösung sollen die beiden Bündnisse die Stabilität und Sicherheit der eingeleiteten Veränderungsprozesse garantieren, also vorwiegend politische Bedeutung haben. Für den Warschauer Pakt stellt das Kommunique der Tagung des Politischen Beratenden Ausschusses vom 7./8.7.1989 fest, „daß der Warschauer Vertrag zuverlässig die Sicherheit der Teilnehmerstaaten gewährleistet".[33]

Auch wenn das Jahr 1989 einen entscheidenden Einschnitt der Nachkriegsgeschichte gebracht hat, so bleiben doch aus militärischer Sicht viele Unklarheiten und Widersprüche bestehen. Das gilt um so mehr, weil das

---

[31] Prawda, 8.11.1989.
[32] Gemeinsame Erklärung der UdSSR und der BRDeutschland am 13.6.89 i Bonn.
[33] Neues Deutschland, 10.7.89.

militärische Handeln der Geheimhaltung unterliegt, also von außen nicht in jeder Hinsicht übersehbar sein kann.

Bei allem Optimismus und der Hoffnung auf eine bessere Zukunft bleiben aus militärischer Sicht Ende 1989 entscheidende Fragen der Militärdoktrin Gorbatschows offen und ihre Beantwortung der Zukunft überlassen.

Hans-Jürgen Wagener (Hrsg.)

Monetäre Steuerung und ihre Probleme in unterschiedlichen Wirtschaftssystemen

Schriften des Vereins für Socialpolitik, N. F., Band 191

⟨3-428-06771-1⟩

226 S. 1989. DM 98,–

Monetäre Steuerungsprobleme haben für marktwirtschaftlich orientierte Wirtschaftssysteme eine evidente Relevanz: money matters. Im Falle planwirtschaftlicher Systeme ließe sich auf den ersten Blick vermuten, daß monetäre Probleme eine untergeordnete Rolle spielen. Denn schließlich wird hier die Koordinationsfunktion vom Planer auf der zentralen und der intermediären Ebene mit Hilfe von im wesentlichen naturalwirtschaftlichen Mengenindikatoren ausgeübt. Das Geld ist vor allem ein Kontrollinstrument, das die Schritte der Planausführung begleiten und sichtbar machen soll: Kontrolle durch den Rubel heißt das entsprechende Schlagwort . . . Die traditionelle Auffassung von der passiven Rolle des Geldes in sozialistischen Planwirtschaften hat dazu geführt, daß monetäre Probleme dieser Wirtschaftssysteme in der Literatur nur am Rande oder gar nicht behandelt wurden. Darin ist in jüngster Zeit eine merkliche Veränderung aufgetreten, was sich vor allem auf zwei Phänomene zurückführen läßt: die wachsenden inflationären Spannungen in diesen Wirtschaftssystemen, die sich in beiden genannten Geldkreisläufen, wenn auch in unterschiedlicher Weise, äußern, und die Reformansätze, die die Plankoordination durch flexiblere, marktgemäße Koordinationsinstrumente ersetzen wollen und damit zwangsläufig diese Wirtschaften stärker monetarisieren.

Aus der Einleitung des Herausgebers

Duncker & Humblot · Berlin

Deutschlandforschung

*Schriftenreihe der Gesellschaft
für Deutschlandforschung*

23 Konrad Löw (Hrsg.)
Totalitarismus
⟨3-428-06452-6⟩
239 S. 1988. vergriffen

24 Gernot Gutmann /
Siegfried Mampel (Hrsg.)
**Wissenschaft und Forschung
im geteilten Deutschland**
⟨3-428-06544-1⟩
99 S. 1988. DM 18,–

25 Alexander Fischer/
Günther Heydemann (Hrsg.)
**Geschichtswissenschaft
in der DDR**
Band I: Historische Entwicklung, Theoriediskussion
und Geschichtsdidaktik
⟨3-428-06570-0⟩
XX, 564 S. 1988. DM 128,–

Band II: Vor- und Frühgeschichte
bis Neueste Geschichte
⟨3-428-06800-9⟩
XVIII, 862 S. 1990. DM 198,–

26 Jens Hacker /
Siegfried Mampel (Hrsg.)
**Europäische Integration
und deutsche Frage**
⟨3-428-06684-7⟩
177 S. 1989. DM 24,–

27 Dieter Voigt (Hrsg.)
**Qualifikationsprozesse
und Arbeitssituation
von Frauen in der
Bundesrepublik Deutschland
und in der DDR**
⟨3-428-06738-X⟩
238 S. 1989. DM 36,–

28 Konrad Löw (Hrsg.)
Beharrung und Wandel
Die DDR und die Reformen
des Michail Gorbatschow
⟨3-428-06859-9⟩
111 S. 1990. DM 22,–

29 Maria Haendcke-Hoppe /
Erika Lieser-Triebnigg (Hrsg.)
**40 Jahre innerdeutsche
Beziehungen**
⟨3-428-06952-8⟩
195 S. 1990. DM 32,–

30 Siegfried Baske (Hrsg.)
**Pädagogische Berufe in der
Bundesrepublik Deutschland
und in der Deutschen
Demokratischen Republik**
⟨3-428-07052-6⟩
197 S. 1990. DM 24,–

31 Siegfried Mampel /
Alexander Uschakow (Hrsg.)
**Die Reformen in Polen und
die revolutionären Erneuerungen
in der DDR**
Jahrbuch 1990
⟨3-428-07071-2⟩
114 S. 1991. DM 22,–

Duncker & Humblot · Berlin